Paris sportifs :
La grande arnaque

Comment éviter les pièges
et mieux gérer votre argent

Les éditions Thali
18 rue Gabriel Moussa
33 320 Eysines
France

Pour tout contact avec les auteurs Vincent Bogard et Nicolas Lagavardan, ou avec Les Editions Thali : nlvbook@gmx.fr

ISBN 978-2-902362-00-4

Vincent Bogard

Nicolas Lagavardan

Paris sportifs :
La grande arnaque

Comment éviter les pièges
et mieux gérer votre argent

Editions Thali

SOMMAIRE

AVANT-PROPOS

Ça y est, vous y êtes. Vous avez enfilé votre belle combinaison flambant neuve, ajusté votre masque, branché votre bouteille à oxygène et vous tenez votre harpon d'une main ferme. Des semaines que vous attendez ce moment. Vous brûlez d'impatience. Votre désir ardent de tester la pêche sous-marine vous pousse à vous jeter à l'eau dans la seconde. Mais vous avez omis un petit, tout petit détail, qui provoquera votre perte... Vous ne savez pas nager !

Allez-vous quand même sauter du bateau après une ultime prière, afin de vous mêler aux requins, pour voir si vous êtes capable de slalomer entre eux, attraper de gros poissons et les ramener à bon port ? Évidemment non, vous ne feriez jamais ça, et personne ne le ferait (espérons-le), car vous avez conscience que ce serait suicidaire.

Pourquoi me parle-t-on de harpon, de pêche sous-marine et de natation, alors que je viens d'ouvrir un livre sur les arnaques dans les paris sportifs ? Tout simplement car cette métaphore, concrète, audible et compréhensible de tous, à l'issue évidente et tragique, est un exemple simple qui va nous permettre d'aborder le sujet qui vous intéresse, de vous mettre en garde contre l'erreur que vous êtes en train d'éviter en ayant eu la bonne idée d'ouvrir l'ouvrage que vous avez entre les mains : vous noyer.

Remplaçons désormais le harpon par de l'argent et la pêche sous-marine par les paris sportifs : pourquoi tant de gens commettent-ils l'erreur de croire qu'ils vont pouvoir ramener une pêche miraculeuse en se jetant dans l'océan des paris sportifs, sans en maîtriser ni les codes, ni les bonnes manières, ni les techniques rigoureuses permettant d'augmenter leurs chances de rejoindre le bord sain et sauf ?

Il est frappant de constater que bien des pronostiqueurs en herbe se lancent dans l'aventure à corps perdu sans avoir pris la peine de se former un tant soit peu sur le sujet, en pensant qu'ils vont pouvoir regagner la rive sans séquelle.

S'il était facile et sans risque de gagner de l'argent grâce aux paris sportifs, cela se saurait. En réalité, exception faite des bookmakers qui engrangent à coup sûr grâce aux commissions prélevées sur chacune de vos mises, les perdants sont nombreux, beaucoup plus nombreux que les gagnants. Vous souhaitez apprendre comment devenir un parieur gagnant, en évitant les pièges et arnaques qui sillonneront votre chemin ? Vous avez fait la démarche d'ouvrir ce livre : vous êtes sur la bonne voie.

Il existe plusieurs types de parieurs sportifs : dans quelle famille vous situez-vous ?

Êtes-vous plutôt un parieur récréatif du dimanche, qui mise pour le plaisir, par goût du jeu, avec l'espoir secret mais non obsédant de, pourquoi pas, gagner un jour le gros lot ?

Êtes-vous plutôt un parieur dont l'ambition est de vivre de cette activité, de générer régulièrement des gains supérieurs aux pertes afin d'en tirer un complément de revenus, voire un revenu entier ?

Dans tous les cas, nous n'insisterons jamais assez sur la nécessité de vous former, à moins d'aimer perdre et échouer. Ce livre va dans ce sens, il vous offrira les clés indispensables pour éviter de vous faire arnaquer, et plus surprenant encore, de vous arnaquer vous-même.

Vous voulez juste jouer pour le plaisir et êtes même prêt à perdre tout l'argent engagé ? Rien ne vous empêche d'apprendre les règles et les tactiques appropriées pour gagner le jeu. Votre plaisir ne sera-t-il pas plus grand si vous savez éviter les arnaques et les pièges tendus sur votre route ?

Vous voulez en faire une activité professionnelle, principale ou secondaire ? Il est alors d'une nécessité absolue de vous « diplômer » avant de commencer !

Prenons là encore une illustration simple qui parlera à tous. Vous aimez jouer au Monopoly, ou à n'importe quel autre jeu classique ne nécessitant pas d'engager votre argent personnel. Vous allez logiquement commencer par lire les règles de ce jeu et ensuite, après avoir disputé plusieurs parties, vous serez devenu meilleur car vous aurez compris vos erreurs, ce qui vous aura rendu plus efficace dans vos prises de décisions. Vous aurez appris les bonnes méthodes et à éviter les pièges, ce qui vous permettra de gagner les parties suivantes. Vous avez progressé par la pratique de ce jeu.

La différence entre le Monopoly et les paris sportifs réside dans le fait que si vous souhaitez apprendre les paris sportifs par la pratique, cela induit que vous allez perdre de l'argent. Votre argent. Cet argent que vous avez durement épargné pendant des mois voire des années.

A moins, et c'est une attitude judicieuse, que vous ayez choisi la solution virtuelle avant la réelle. C'est à dire de faire des paris à blanc, sans engager votre capital. Simplement en simulant des mises et en observant leur résultat. Ensuite, quand vous aurez constaté que vous commencez à générer des gains supérieurs aux pertes, vous pourrez vous lancer avec de l'argent réel.

De la nécessité de se former

Vous ambitionnez de devenir un parieur professionnel, d'en faire votre métier, ou du moins une activité vous permettant d'arrondir vos fins de mois (et plus si affinités), ou vous espérez simplement gagner plus que vous ne perdez... Il ne vous viendrait pas à l'idée de vous lancer dans la maçonnerie, le trading ou la conduite d'un bus sans avoir au préalable suivi une formation solide. Pourquoi la démarche serait-elle différente si vous voulez gagner de l'argent, avoir un complément de salaire, grâce aux paris sportifs ? Posez-vous sérieusement cette question.

Vous pensez peut-être que cette activité est facile, que l'idée de jeu vous absout de vous instruire, car le vecteur chance est prédominant et ne nécessite pas d'apprendre ? Vous vous trompez et allez droit dans le mur. Vous pensez que vos connaissances étendues dans le sport sur lequel vous souhaitez miser suffisent ? Vous vous trompez encore.

Empocher de l'argent avec les paris sportifs signifie que vous devez être gagnant sur le long terme, être régulier, constant. Il est facile d'obtenir un pari gagnant, ce qui est déjà en soi une petite victoire très savoureuse pour l'ego. Mais réussir une majorité de paris gagnants, avoir plus de gains que de pertes sur 100, 200, 1000 mises, est une autre affaire.

Détenir des connaissances profondes sur le sport en question est effectivement fort utile pour devenir un parieur rentable. Mais éviter les arnaques, maîtriser les probabilités et les mathématiques, maîtriser ses émotions, être capable de rigueur et de sang-froid demande du travail, de la discipline et de la pratique. Un vrai travail bien loin de la notion de jeu et de chance.

Nous revoici face au ponton... Pourquoi faire de la plongée sous-marine si vous ne savez pas nager : pourquoi devenir un parieur sportif si vous ne savez pas parier ? Pouvez-vous raisonnablement penser que vous allez devenir un parieur gagnant, sans savoir précisément comment gagner de l'argent avec les paris sportifs ? Mais aussi sans savoir comment ne pas en perdre ? Sans savoir où sont les pièges et comment éviter les arnaques ?

Comprenez bien qu'avant de penser à gagner, il faut déjà apprendre à ne pas perdre. Chaque euro économisé, chaque euro non misé bêtement, est déjà une victoire sur le chemin qui vous mènera vers la réussite.

Pourquoi 99% des parieurs perdent de l'argent

Se jeter à l'eau sans savoir nager est une folie. Miser votre argent sur des paris sportifs sans maîtriser le sujet est du même ordre. 90%, voire 99% des parieurs amateurs perdent de l'argent, voire tout l'argent de leur cagnotte. Demandez autour de vous, à vos amis ou vos collègues, combien gagnent réellement sur le long terme. S'ils sont honnêtes, la très grande majorité vous avoueront que leur bilan est déficitaire.

Ils vous parleront sûrement de leur plus beau coup de génie, ce jour où par chance les astres se sont alignés, leur permettant de gagner 10 fois, 20 fois, peut-être 100 fois leur mise. Un jour de chance, le terme n'est pas choisi au hasard. Ils auront plus de mal à reconnaître que tous leurs gains et pertes mis bout à bout, ils ont en revanche vu leur portefeuille se rétrécir.

Ils vous parleront également de ce jour où ils sont passés à un bon résultat sur sept, dix ou treize d'empocher une somme fort juteuse. Ils vous parleront enfin de leur rêve, leur espoir de gagner un jour le gros lot. Et de tout ce qu'ils pourraient faire de cette montagne de pépètes.

Les parieurs professionnels eux, ne rêvent pas : ils sont réalistes, rigoureux et font les efforts nécessaires d'analyse pour augmenter leurs chances de réussite. Ils savent éviter les pièges et arnaques en tous genres qui jalonnent leur parcours.

Vous aussi, et c'est humain, avez j'en suis sûr, à un moment donné, pensé au bolide rouge, au château en Espagne ou au mojito que vous pourriez siroter au bord de votre belle piscine, si vous aviez le bonheur de gagner le jackpot. C'est un joli rêve, mais ce n'est pas réaliste. Cela peut arriver, oui, mais les chances sont très, très minimes.

Ce sont vos émotions qui parlent, pas votre raison. C'est pourtant cet appât du gain qui guide la plupart de ceux qui décident de se lancer dans l'aventure des paris sportifs. Beaucoup en ressortent déçus, perdants, quand ce n'est pas fortement abîmés financièrement ou moralement.

Apprendre à ne pas perdre

La chance, ça se travaille. Les pièges et les arnaques, ça s'évite. A condition d'avoir conscience de leur existence et de savoir les repérer. Telle est la mission que nous nous sommes imposés par le biais de cet ouvrage, afin de vous éclairer sur les dangers et vous accompagner dans votre quête de devenir un parieur gagnant. Pour gagner, il faut déjà ne pas perdre. Pour gagner, il faut déjà ne pas se faire piéger, ne pas se faire arnaquer.

Nous n'allons pas (comme beaucoup qui vous promettent

monts et merveilles, vous affirment qu'ils possèdent la méthode infaillible pour faire de vous un parieur sportif gagnant et vous enrichir sans risque) vous offrir sur un plateau la solution pour devenir millionnaire grâce aux paris sportifs.

La démarche est inverse. Nous allons non pas vous apprendre à réussir, mais vous apprendre à éviter l'échec en vous mettant en garde, en désignant précisément du doigt les plus grosses arnaques qui ne manqueront pas de se présenter à vous si vous décidez de mettre votre argent en jeu, avec l'espoir que cet argent vous rapporte plus d'argent.

Depuis leur légalisation en France en mai 2010, les paris sportifs drainent un flux monétaire très imposant. En 2013, les mises cumulées avaient déjà atteint 848 millions d'euros contre 590 millions d'euros en 2010, dont une majorité sur les matchs de football, selon le rapport de l'Autorité de régulation des jeux en ligne (ARJEL). Elles affichaient un total de 2,10 milliards d'euros en 2017, en progression chaque année (+45% par rapport à 2016). En 2018, la seule Coupe du monde de football en Russie remportée par nos chers Bleus a généré en France un chiffre d'affaires sur les paris en ligne de 690 millions d'euros.

Inévitablement, cette masse colossale attire des personnes malveillantes qui sous couvert de pouvoir vous assurer des gains à coup sûr, en veulent en réalité à votre porte-monnaie. Mais ces dangers extérieurs ne sont pas les seuls. Nous vous les montrerons, mais nous vous expliquerons également comment le premier et peut-être plus gros des dangers, c'est en réalité... Vous-même ! Nous vous détaillerons ensuite comment vous en préserver en chassant ces démons.

Êtes-vous prêt ?

Nous vous sentons trépigner d'impatience à l'idée de découvrir quelles sont véritablement ces fameuses arnaques qui peuvent causer votre perte. Il était toutefois nécessaire d'introduire quelques notions avant de vous les présenter concrètement. Le temps est désormais venu d'entrer dans le vif du sujet. Pour ce faire, nous avons choisi de diviser cet ouvrage en trois parties.

Le premier module, que nous avons intitulé « L'ennemi intérieur » vous exposera une arnaque que vous ne soupçonnez probablement pas ou que vous n'aviez pas bien mesurée : vous-même.

Dans le deuxième module intitulé « L'ennemi extérieur », nous vous montrerons très précisément toutes les techniques répertoriées à ce jour, mises en place par les loups peu scrupuleux qui veulent profiter de votre naïveté, ou de votre manque de connaissances, pour vous soutirer de l'argent. Savoir les repérer vous évitera de tomber dans leurs filets.

Dans le troisième module intitulé « L'ennemi mathématique », nous aborderons le sujet plus sournois encore, des formules magiques censées vous permettre de gagner à coup sûr mais qui en réalité, causeront votre ruine. Certains, tombés dans la marmite, essaient encore de sortir de la dépression qu'elles ont provoquée.

Une fois ces trois modules terminés, nous vous proposerons en bonus plusieurs annexes, vous permettant de mesurer par vous-même vos connaissances, afin de vérifier si vous avez bien intégré toutes les notions développées dans ce livre et de déterminer si vous êtes ou non fin prêt à vous lancer dans l'océan agité des paris sportifs. Allez, c'est parti...

MODULE I

L'ENNEMI INTERIEUR

Dans le petit monde du pari sportif, les risques de chuter ou de se faire arnaquer sont nombreux. L'appât du gain, les méthodes prétendument miracles, les pseudos professionnels du pronostic... Mais avant d'évoquer cet environnement extérieur nocif, commençons par nous poser une question : la plus grande arnaque ne vient-elle pas de l'intérieur... de vous-même ? N'êtes-vous pas votre plus grand ennemi ?

La simple idée de penser que vous pourrez décrocher le jackpot, le quinté dans l'ordre ou les treize bons résultats d'un grille combinée, n'est-elle pas une auto-supercherie ? Oui, les heureux gagnants existent. Ils sont les exceptions qui confirment la règle et maintiennent votre rêve intact.

◆ Maîtriser ses émotions

Torse bombé, regard avide, main serrée sur la souris de l'ordinateur... Ça y est, vous êtes prêt à entrer dans la matrice des paris sportifs. A ce moment précis, vous avez le sentiment d'être le « Roi du game (jeu) ». Celui ou celle qui va gagner des euros à la pelle. Villa, voitures de luxe...

Votre rêve - « French dream » ou « American dream » c'est selon - est à portée de fusil ou plutôt de clics. Vous avez découvert LA méthode qui va faire de vous un homme ou une femme riche. Vous n'êtes plus totalement humain. Un clic pour parier, un clic pour gagner : vous en êtes sûr. Finis les problèmes d'argent (loyer, courses, loisirs...). A vous la dolce vita pour le restant de vos jours.

Êtes-vous assez lucide pour entrevoir ce visage d'ange qui vous met en garde contre vos émotions ? Contre cette « auto-arnaque » qui peut vous propulser vers un avenir sombre ? Car non, le monde des paris sportifs n'est pas celui des Bisounours. Contrairement à ce qu'on vous raconte un peu partout (sites web, réseaux sociaux, livres...), vous n'entrez pas en terre conquise où l'argent pousse comme une foutue mauvaise herbe dans un jardin. Saurez-vous conserver un jugement rationnel, ou vous laisserez-vous happer par vos propres émotions ?

Quel parieur sportif êtes-vous ?

Avant d'aller plus loin dans ce module, de vous parler en détail des pièges comportementaux qui pourraient vous attendre au coin du bois, parlons un peu... de vous ! Avant toute chose, posez-vous la question : quel parieur sportif suis-je ? Car selon votre réponse, selon votre profil, un jeu d'argent peut vite devenir tout sauf un jeu. Il est donc indispensable de vous définir par rapport à cette activité.

Êtes-vous de ceux qui voient précisément les paris sportifs comme un jeu, une distraction, potentiellement lucrative, avec des étoiles plein les yeux à l'idée de pouvoir, qui sait, remporter le jackpot ? Mais qui ne vont pas engager de l'argent qu'ils ne sont pas prêts à perdre et vont être raisonnables dans leurs prises de positions ?

Êtes-vous de ceux, que l'on nomme des parieurs professionnels, qui ont compris que pour gagner vraiment, ils vont devoir se former, pour apprendre comment bien parier afin d'augmenter leurs chances de réussite ?

Êtes-vous de ceux, amateurs insouciants ou inconscients, qui pensent être portés par la chance et pouvoir arrondir leurs fins de mois, voire même vivre de leur lubie ? Qui engagent trop d'argent, n'importe comment ? Ou sont prêts à suivre des gourous auto-proclamés, finissant plumés par ces rapaces prêts à les dévorer tout cru ?

Parieur sportif du dimanche ? Parieur sportif professionnel ou avec l'ambition de le devenir ? Parieur sportif frénétique ou névrosé ? « Connais-toi toi-même » disait Socrate, reprenant en réalité à son compte un des préceptes inscrits au frontispice du Temple de Delphes consacré à Apollon.

Un deuxième disait : « Rien de trop ». Il est bien moins connu de nos jours, mais n'est pas moins important. Avant toute chose, étudions de plus près ces deux maximes issues de la philosophie grecque.

« Connais-toi toi-même »

A l'origine, cette invitation à la sagesse visait à rappeler à tout homme qu'il est mortel, et non divin. Ne vous prenez pas pour un Dieu, n'oubliez pas qui vous êtes. Socrate lui donnera une autre signification que l'on pourrait résumer de la manière suivante : sachez que pour réussir vos actions, vous devez vous laisser guider par la raison et non par vos émotions, vos désirs.

Prendre conscience de son être intérieur et savoir donner le meilleur de soi par la raison et l'intelligence. Savoir ce que l'on fait et pourquoi on le fait, se demander ce qui guide nos décisions. Une clé essentielle pour réussir dans la vie en général, dans les paris sportifs en particulier.

Pour Socrate, le simple fait de s'interroger sur ce qui est bon, sur le pourquoi, commence à vous rendre meilleur. Une notion cruciale que nous aborderons plus profondément dans ce module I consacré à votre plus grand ennemi, à la plus grande arnaque qui vous fait face : vous-même !

« Rien de trop »

Elle n'est pas la seule à méditer. « Rien de trop », ou plus explicitement : « N'oublie pas qu'il est vain de vouloir trop posséder et désirer car à tout moment, je peux t'ôter la vie, avec tous tes biens et désirs ». Voici un autre principe qui vous sera fort utile. Ne pas se laisser griser, ne pas oublier que l'on peut tout perdre par une mauvaise décision consécutive à dix bonnes.

La mesure doit guider vos mises sur les paris sportifs. « Fais preuve de mesure », conseillait Thalès. « La témérité est dangereuse », affirmait Périandre. « Tout homme averti fuit l'excès et recherche la bonne moyenne », préconisait Aristote. Pensez-vous que ces principes sont dépassés ou ne s'appliquent pas aux pronostics ?

« Connais-toi toi-même » et « Rien de trop » : deux préceptes venus de la nuit grecque que le temps n'a en rien abîmés et qu'il convient de s'approprier encore aujourd'hui, en particulier ici, car parfaitement adaptés aux idées que nous allons développer dans ce livre.

Quelle que soit l'activité dans laquelle vous voulez vous immerger, il est ainsi d'abord préférable de la définir par rapport à soi. De définir ses objectifs, ses attentes, ses ambitions, de savoir pour quelle raison précise vous souhaitez la pratiquer. Pour quelles bonnes raisons et quelles mauvaises raisons. Mais aussi de ne jamais oublier qu'un mauvais choix, une action inconsidérée peut vous faire perdre gros. Cela vaut pour les paris sportifs.

Vous êtes seul responsable

Vous êtes la tour de contrôle, le centre stratégique et décisionnel de vos paris sportifs. Même si vous vous faites aider par des parieurs plus chevronnés qui vous dispensent leurs conseils, vous êtes le seul maître de vos actes. Ce n'est pas votre ami, ou cet inconnu surgi de nulle part pour vous inciter à suivre ses prédictions, qui encaissera vos gains. Encore moins vos pertes.

Veillez donc à être en pleine possession de vos moyens physiques, psychologiques et intellectuels au moment de valider vos pronostics. A ne pas vous laisser guider par votre passion, autrement dit par vos émotions, mais au contraire par l'analyse et la raison.

L'objectif n'est pas de tuer toute émotion en vous. Ressentir des émotions est humain, normal et sain. L'objectif est plutôt de guider vos temps de jeu et prises de décisions vers des moments où ces émotions ne seront pas exacerbées, vers l'analyse et la raison plutôt que l'impulsivité. Vos choix ne doivent pas être dictés sous l'influence de vos émotions. Car cet état impactera la pertinence de vos pronostics. Un vaste chantier... Mais commençons d'abord par apprendre à les reconnaître.

Apprendre à mesurer son état psychologique

Une émotion est une réaction affective transitoire, habituellement provoquée par une stimulation venue de l'environnement.

Un trouble subi, une agitation passagère. « Tous ces sentiments qui changent l'homme en l'entraînant à modifier son jugement et qui sont accompagnés par la souffrance ou le plaisir », définissait Aristote dans son œuvre Rhétorique (livre II, chapitre 1).

Une émotion peut être positive si le ressenti est agréable, ou négative si le ressenti est désagréable. Certaines activités peuvent générer les deux à la fois, comme par exemple fumer une cigarette, qui peut à la fois provoquer un sentiment de bien-être mais aussi de culpabilité.

En matière de comportement sur les paris sportifs, nous allons nous concentrer sur les six émotions fondamentales (réactions physiologiques), dites aussi primaires. Ainsi que sur leur prolongement, les sentiments (réactions psychologiques) qui leur sont liés.

Les 6 émotions fondamentales

Les six émotions fondamentales, ou primaires, sont : la peur, la joie, le dégoût, la tristesse, la colère, la surprise.

Chacune se manifeste par divers sentiments. Cela peut être l'anxiété ou l'affolement pour la peur ; l'emballement ou l'empressement pour la joie ; l'écœurement ou le rebut pour le dégoût ; la déception ou le découragement pour la tristesse ; l'angoisse, l'agacement ou l'entêtement pour la colère ; la confusion ou l'hésitation pour la surprise. (Vous retrouverez en Annexes une liste beaucoup plus étendue des sentiments liés à chaque émotion).

Toutes ces manifestations vous détournent du droit chemin, elles influeront vos pronostics de manière négative. Vous ne le croyez pas ? Voici six exemples plus concrets mettant en lumière chacune des émotions primaires, pour illustrer cette réalité. Vous en avez sûrement déjà expérimenté une ou plusieurs. Dans le cas contraire, sachez que cela n'arrive pas qu'aux autres.

La peur : vous avez misé gros sur la victoire de l'équipe qui joue domicile mais celle-ci est finalement très mal partie pour l'emporter et vous êtes gagné par la peur de perdre. La panique vous incite à placer à la hâte un nouveau pari en live pour tenter de vous rattraper.

La joie : vous venez de remporter un joli pari. Vous êtes envahi de joie. Dans l'euphorie de cette victoire, vous oubliez que vous n'êtes pas invincible, perdez la mesure de vos mises et décidez de rejouer l'intégralité de votre gain sur le pari suivant, que vous allez malheureusement perdre.

Le dégoût : jusqu'à la dernière seconde, votre pronostic était gagnant, mais le sort en a décidé autrement, vous plongeant dans un profond dégoût car sans lui, votre grille de 10 paris combinés vous aurait permis d'empocher un joli petit pactole. D'écœurement, vous faites tapis sur le premier pronostic venu.

La tristesse : vous venez de perdre une grosse mise. Vous êtes submergé de tristesse, découragé, car vous pensiez vraiment avoir misé sur le bon cheval. Puisque c'est comme ça, vous décidez que dorénavant, comme vos analyses ne suffisent pas à vous faire gagner, vous placerez vos paris en fermant les yeux et en pointant votre doigt sur un canasson au hasard.

La colère : votre voisin vient d'emboutir votre voiture en sortant de chez lui alors que vous êtes en train d'étudier calmement votre prochain pronostic. Vous sortez en furie pour régler ce problème inattendu. Quand vous vous reconnectez à votre ordinateur ou votre smartphone, vous êtes toujours en colère contre ce voisin indélicat, vous bâclez vos analyses et validez votre pari à la hâte car vous devez absolument faire réparer votre auto immédiatement pour aller travailler demain.

La surprise : vous avez décidé aujourd'hui de miser en live. Selon votre analyse, la victoire ne peut pas échapper à telle équipe mais un événement contrarie momentanément vos prédictions. Surpris, vous décidez de les abandonner illico pour aller complètement à l'opposée sans prendre le temps nécessaire pour peser le pour et le contre, ni vous demander si vos prévisions ne peuvent pas être maintenues malgré tout.

Toutes ces émotions, ces sentiments (qu'ils soient négatifs comme l'agacement, ou positifs comme l'euphorie) sont responsables de votre perte de lucidité. Ils ont altéré vos jugements, pris le dessus sur vos analyses rationnelles.

Encore une fois, ressentir des émotions est normal et inévitable à tout être humain. Mais lorsque vous devrez valider votre pronostic, demandez-vous si votre décision n'est pas guidée par l'une de ces six émotions, ou par l'un de ses sentiments liés.

Cette introspection n'est pas aussi facile qu'il y paraît, vous devrez être capable d'analyser votre comportement à chaud, de prendre du recul sur vous-même, de vous auto-juger. Si vous en venez à admettre que vous êtes bien sous l'emprise d'une émotion, abstenez-vous de parier, déconnectez-vous, faites une autre activité et revenez quand vous serez de nouveau habité par le calme et la sérénité.

Comment détecter vos émotions

→ Vous transpirez de manière inhabituelle ?

→ Vous souriez bêtement ?

→ Vous êtes en état de transe ?

→ Vous avez le cœur serré ?

→ Votre rythme cardiaque s'accélère ?

→ Vous n'arrivez pas à respirer normalement ?

→ Vous êtes tétanisé ?

→ Vous avez la bouche sèche ?

→ Vous êtes blanc comme un linge, ou au contraire tout rouge ?

→ Vos dents et lèvres sont serrées ?

→ Vos muscles sont tendus ?

Dans tous ces cas de figure, ou pour toute autre manifestation physique signifiant que votre corps (et donc votre esprit) n'est pas dans un état de quiétude, envisagez sérieusement de reporter la validation de votre pronostic à plus tard, car vous êtes à l'évidence sous le coup d'une des six émotions fondamentales.

Conseils pour les éponges à émotions

Voici quelques conseils concrets pour éviter de laisser vos émotions guider vos pronostics.

✔ Ne jouez pas en live. Les bookmakers permettent de miser en temps réel sur des rencontres qui ont déjà commencé. A proscrire. Privilégiez plutôt les prises de décision à froid. Moins d'adrénaline, plus de réflexion, plus de temps pour vous décider.

✔ Évitez de miser sur les équipes ou joueurs que vous supportez. Votre affect risque de troubler votre raison, vous aurez souvent tendance à voir cette équipe ou ce joueur plus beau ou plus fort qu'il ne l'est vraiment.

✔ Fixez-vous des garde-fous (mise maximum par pari, mise maximum quotidienne ou hebdomadaire...). Car pris dans la tempête de vos émotions, vous pourriez perdre pied avec la raison et commettre des actes inhabituels ou inappropriés.

✔ Vous venez de vous fâcher avec votre compagne ou votre compagnon, quelqu'un vous a énervé, vous êtes contrarié par un événement quelconque, vous êtes sur un nuage car vous venez d'apprendre que vous allez être père... Vous êtes envahi par une émotion liée à votre vie extra-parieur sportif. Attendez d'avoir retrouvé calme et sérénité avant de miser.

◆ Maîtriser sa confiance

Maintenant que vous êtes à l'écoute de vos émotions, que vous savez les détecter et éviter de placer vos paris sous leur influence, que vous êtes capable de faire appel à votre raison, méfiez-vous d'un autre danger : la surestime de soi. A l'inverse de la sous-estime, qui va vous empêcher de passer à l'action car le doute, le manque d'assurance ou de certitude vous inciteront à l'immobilisme, la surestime vous conduira tôt ou tard à l'échec.

L'auto-arnaque de la surestime de soi

La surestime de soi, que l'on pourrait aussi qualifier d'orgueil, est ce sentiment qui vous fait croire que vous êtes supérieur aux autres, que vous avez raison. Vous vous attribuez une valeur au-dessus de la réalité. Vous avez trop confiance en vous. Quand vous penserez avoir découvert LA méthode miracle, que vous estimerez (à tort) avoir tout compris et tout mieux maîtriser que le reste de la Terre. C'est là que s'ouvre le piège comportemental. Cette « auto-arnaque » est à bannir de votre tête immédiatement !

Nous anticipons les réponses de certains : « Mais il y en a qui arrivent à devenir riches grâce aux paris ! », « Je n'ai aucun doute, j'ai trouvé LA stratégie en or » ou encore « Mais vous me prenez pour un idiot du village là ? ». Nous pouvons vous répondre de suite : « Oui, une infime minorité devient riche », « Les stratégies en or n'existent PAS » et « Une mise en garde initiale vaut mieux qu'un gros uppercut dont on ne se remet pas forcément ».

Reconnaître l'excès de confiance

Si...

➜   Vous avez obtenu plusieurs paris gagnants consécutifs et vous vous sentez invincible.

➜   Vous avez raison, les autres ont tort.

➜   Vous ne recevez pas les arguments de votre entourage vous incitant à la prudence.

➜   Vous êtes sûr de réussir.

➜   Personne ne sait mieux que vous.

➜   Vous n'accordez que peu d'importance aux alertes.

➜   Vous devenez agressif au lieu d'argumenter.

➜   Vous ne vous remettez plus en question.

➜   Vous avez perdu mais ce n'est pas votre faute.

➜   Vous avez toujours une bonne raison pour justifier vos comportements.

Alors...

Vous avez pris ce que l'on appelle communément la grosse tête. Vous manquez d'humilité. Vous vous surestimez.

Les risques et bonnes attitudes à adopter

A cause de cet excès, de cette impression d'être fort et insubmersible, vous aurez tendance à sous-évaluer les risques, et donc à en prendre plus, oubliant le facteur chance inhérent aux paris sportifs. Ce qui entraînera au final des pertes d'argent, mais aussi déception et frustration quand vous serez rattrapé par la réalité, ce qui ne manquera pas d'arriver.

Afin de l'éviter, laissez toujours une place au doute sans quoi vous pourriez envisager de miser tout votre capital d'un coup. Après tout pourquoi pas, étant donné que vous êtes sûr de votre coup !

Là encore, il conviendra de vous fixer des limites dès votre inscription sur une plate-forme de paris sportifs. N'investissez par exemple jamais plus de 2 ou 3% de votre capital sur un pari simple même si celui-ci vous paraît sûr, jamais plus de 1% sur un gros combiné.

◆ Maîtriser ses pulsions et dépendances

Désormais, vous avez compris les risques liés aux émotions et à la surestime de soi. Abordons dès à présent un problème encore plus grave car pathologique : l'addiction. Ce mal à cause duquel vous ne parvenez plus à décrocher des paris sportifs. Cette dépendance qui pousse à jouer encore, encore plus, à miser plus gros pour obtenir sa dose d'adrénaline.

Dans l'Hexagone, « plus de la moitié des adultes jouent au moins une fois par an » à un jeu de hasard et/ou d'argent (loto, grattage, casinos, paris hippiques et sportifs) selon l'Institut Fédératif des Addictions Comportementales (IFAC).

Êtes-vous un sujet à risques ?

Dans la plupart des cas, la personne qui fait ce choix ne court aucun risque. Elle ne deviendra pas accroc. Il s'agira juste d'un loisir qui n'aura aucune conséquence fâcheuse sur le plan financier et mental. Mais certaines se laissent happer par la vague. Ne les dénigrez pas. Essayez plutôt de les aider. Et vérifiez que vous n'êtes pas vous même atteint.

Comme le souligne justement l'IFAC, « l'excès se manifeste par trop d'argent dépensé et/ou trop de temps passé à jouer, et témoigne d'une perte de contrôle ». Car non, le fleuve des paris sportifs n'est pas tranquille. Il convient dès lors de vous fixer des limites psychologiques d'entrée de jeu et de vous y tenir.

Histoire de savoir comment vous conduisez votre voiture de marque « paris sportifs », où vous allez (objectifs de gains) et à quelle vitesse vous irez (types de paris à effectuer, montant maximum des mises à effectuer selon votre budget...).

Mais comme vous le savez, chaque personne a un profil différent. Un joueur ou une joueuse est souvent incomparable avec un autre. Son vécu, sa manière de penser et, dans le cas qui nous intéresse ici, ses habitudes ou envies de jouer, ne sont jamais ou presque les mêmes

Test rapide de « dépistage »

Ainsi, nous allons vous proposer de répondre à quelques questions (OUI/NON) en toute franchise, chez vous, à tête reposée. Objectif : savoir si vous avez, ou non, une pratique excessive actuellement, ou si vous pouvez tomber dans ce panneau en tant que débutant.

1. Jouez-vous - ou voulez-vous jouer - aux paris sportifs pour changer de vie (moral en berne, problèmes financiers...) ?

2. Si vous perdez un ou des paris, est-ce que vous avez (aurez) tendance à remettre de l'argent en étant de plus en plus excité ?

3. Êtes-vous obnubilé/perturbé par les paris sportifs qui vous attendent ou qui sont déjà validés ?

Ce mini-test n'est pas exhaustif, vous en trouverez un autre beaucoup plus approfondi en Annexes de ce livre. Mais si déjà en toute honnêteté, vous répondez « OUI » à une ou plusieurs de ces trois questions, alors c'est que « l'auto-arnaque » de l'addiction vous joue des tours ou est susceptible de le faire.

Solutions pour sortir de la dépendance

Dans ce cas, nous vous conseillons fortement de ne pas vous lancer à fond la caisse sur la piste des paris sportifs, mais plutôt de la quitter (si vous en êtes encore capable), en vous garant correctement sur le bas-côté si vous avez déjà le volant entre les mains.

Si vous avez franchi la ligne rouge de la dépendance, que vous souhaitez vous en sortir, mais sentez que vous avez besoin d'aide, sachez qu'il existe des organismes spécialisés sur le sujet, comme les associations « SOS Joueurs » et « Joueurs Info Service », dont vous trouverez les coordonnées en Annexes de ce livre. Vous pouvez également en parler à votre médecin, lequel après avoir établi le diagnostic avec vous, vous redirigera peut-être vers un des nombreux centres spécialisés répartis sur le territoire français.

◆ Les bonnes attitudes à adopter

Laisser vos émotions guider vos choix, avoir une trop grande confiance en vous, ou jouer par besoin afin d'étancher votre soif de paris sportifs, sont les trois grandes dérives comportementales à surveiller autant que possible dans le but de les éviter. Pour ne pas vous laisser piéger, pour ne pas vous arnaquer vous-même, ou pour repérer si vous êtes ou non le maître de vos pronostics, résumons quels sont les bonnes attitudes à avoir.

Votre meilleure alliée

Si vous avez lu attentivement jusqu'ici, théoriquement, une petite lumière s'est allumée en vous : « Et s'ils avaient raison de me prévenir ? » Si c'est le cas, la lucidité sera votre meilleure alliée. Deux solutions s'offrent à vous :

➢ Continuer de jouer mais par plaisir et/ou avec des objectifs de gains raisonnables qui ne vous rendront pas riche (désolé, nous ne vendons pas de poudre aux yeux dans ce livre...).

➢ Arrêter les frais immédiatement par prudence.

L'objectif de ce chapitre est, vous l'avez compris, de repérer en quelque sorte des situations comportementales dangereuses pour éviter de vous faire arnaquer. Nous pouvons comprendre que des envies émergent en fonction de votre situation. L'envie de gagner vite et beaucoup, de rompre avec l'ennui et la solitude, de mettre à profit vos connaissances sur tel ou tel sport... Tout cela peut se comprendre et se respecter. Mais ne foutez pas votre vie en l'air pour des... paris sportifs pour lesquels vous maîtrisez trop peu de paramètres !

Partez du principe qu'un pari peut être gagné... mais aussi et surtout perdu ! Même si cela peut paraître stupide, dîtes vous que l'argent misé ne vous appartient plus et qu'il se trouve sur une planète gazeuse à la trajectoire incertaine. Ce conseil est lié évidemment aux limites d'argent que vous devez vous fixer impérativement d'entrée de jeu en fonction de votre budget. Si d'aventure les choses tournaient mal et que vous posiez le pied sur la ligne rouge, alors il vous sera plus simple de dire « stop » et de renoncer aux paris sportifs.

Comment bien gérer son temps

Sur le plan émotionnel, il convient aussi de faire des pauses régulières plus ou moins longues. Jouer tous les jours ? Oubliez... Faire 20, 30, 50 paris par semaine même avec des petites sommes d'argent ? Même pas en rêve ! Il est très important que vous ne vous rendiez pas systématiquement sur un site ou tout autre lieu de jeu. Votre addiction pourrait se renforcer et devenir incontrôlable. Éloignez-vous aussi de toutes les sources (journaux spécialisés, sites, réseaux sociaux...) qui sont des vecteurs menant droit vers les paris sportifs.

Au lieu de cela, posez-vous tranquillement pour vous vider au maximum l'esprit (ordinateur/mobile éteint + silence maximal = introspection meilleure). Puis interrogez-vous sans prendre de gants : « Est-ce que je joue trop ? », « Mes émotions me jouent-elles des mauvais tours ? », « Les paris sportifs nuisent-ils ou peuvent-ils nuire à ma vie réelle ? », « Qu'est-ce que cela m'apporte de me prendre pour un parieur professionnel ? »

Un autre conseil important est de vous fixer d'entrée de jeu des limites claires à ne jamais franchir si vous songez à parier régulièrement. Prenez une feuille de papier que vous garderez près de vous et écrivez :

➢ Nombre et montants maximums des mises à effectuer par semaine.

➢ Objectif de gains (on oublie les montants stratosphériques).

➢ Temps à passer dans le monde des paris (sites, médias, discussions...).

Les bookmakers en ligne vous permettront de fixer directement vos dépôts et mises maximum par semaine. Il est impératif de mettre en place ces limites précises dès que vous lancez la machine. En règle générale, vous les trouverez dans la rubrique « Mon compte » et/ou « Mes préférences ». Ne sous-estimez pas leur importance.

Faîtes régulièrement le bilan, par rapport à vos limites fixées, à votre comportement réel et à vos émotions en ce qui concerne les paris sportifs. Et n'oubliez jamais que les résultats de ces derniers sont en grande partie liés au hasard. Lequel est insaisissable même en essayant de l'attraper quand il semble être à portée de main !

Ça n'arrivera pas ! J'ai tout prévu...

Lorsqu'on est dans le feu de l'action, on peut vite se prendre pour le « Roi soleil » et croire qu'on maîtrise tout de A à Z. Que nenni ! Vous pouvez connaître telle ou telle équipe sportive, avoir analysé des milliers de données... et être débordé par le hasard.

Un carton rouge sorti de la poche de l'arbitre dès la première minute d'un match de football, une blessure impromptue qui handicape un tennisman de renom, une malchance passagère pour un basketteur au shoot de légende... Tous les scénarios sont possibles pour que votre pari soit perdant contre toute attente. Même ceux de spécialistes qui en savent, sur le papier, autant ou plus que vous.

Même le cheval avec une cote de 50 ou 60/1, considéré comme « un tocard », peut avoir sa journée de gloire sur la grande scène du turf (courses hippiques). Eh oui, le sport n'est pas une science exacte. Quiconque fait un pari sportif, s'en remet à une part de connaissances (il vaut mieux connaître la discipline, les participants et les règles, c'est sûr !) mais aussi de hasard/chance. Si vous avez compris cela, alors vous avez déjà fait un grand pas pour avoir un comportement réfléchi dans le monde des paris sportifs.

MODULE II

L'ENNEMI EXTERIEUR

Vous voilà suffisamment armé pour rester maître de vos jugements et décisions, car vous êtes désormais capable de faire appel à votre raison au moment de valider vos pronostics. Maintenant que nous vous avons mis en garde contre l'auto-arnaque émotionnelle, il est temps de passer à l'étape suivante. Car cet « ennemi intérieur » n'est pas le seul à éviter pour tout parieur sportif qui désire devenir rentable.

◆ Arnaque des opérateurs Casper

Si vous êtes prêt à jouer de manière sereine et raisonnable, il faut vous assurer d'éviter une autre arnaque : celle des opérateurs fantômes, que nous nommerons ici Casper, en référence aux célèbres dessins animés qui ont bercé les enfants des années 80. En effet, un paquet de sites français et étrangers se font passer pour des opérateurs sérieux avec des offres exceptionnelles en ligne de mire, mais sont en réalité à fuir.

Le choc peut être brutal

Après avoir pesé le pour et le contre, c'est le grand jour ! Celui où vous allez passer du parieur « passif » à celui dit « actif » qui ose mettre son argent en jeu en espérant récolter quelques fruits. Grâce à une recherche sur un moteur de recherche, comme par exemple Google qui est le plus utilisé au monde, vous vous retrouvez sur un site web.

Et là pan ! Vous en prenez plein les yeux. Des couleurs qui piquent (rouge vif, rose fuchsia, jaune fluo...)... Mais qui piquent à un point où vous songez à appeler directement l'ophtalmo. Ajoutez à cela des phrases où l'orthographe et la grammaire sont imbuvables. Pour les plus anciens, vous avez le sentiment de revenir 25-30 ans en arrière. Au temps où Internet était encore à l'époque du jurassique (connexions ultra lentes, sites sommaires la plupart du temps...).

Bon rassurez-vous, on a survécu à cette période. L'espèce humaine ne s'est pas éteinte. Mais tout de même... A l'heure des sites très sophistiqués avec des fonctionnalités géniales, cela vous fait drôle de vous retrouver dans la DeLorean des films « Retour vers le futur ». Vous avez eu vite fait de vous en détourner et vous avez eu raison ; inutile de s'étendre en longueur pour vous convaincre que la personne au bout de l'URL n'est pas sérieuse. Après cette expérience visuelle sidérante (sans avoir besoin d'avoir des lunettes 3D dernière génération), vous retournez dans le présent. Ouf ! Vous quittez sans hésiter ce site web hors du temps et reprenez votre valise pour trouver une destination crédible.

Argent, argent... Non, mais oh !

Un clic, deux voire trois clics plus tard, une recherche rapide et vous voilà sur un autre site web avec un design plus consistant. Affichage, rubriques, des dizaines de paris à votre disposition... Cette fois, vous pensez avoir trouvé le support idéal pour jouer convenablement aux paris sportifs.

D'autant plus qu'on vous propose le bonus du siècle ou presque : 100 euros (voire 200 ou plus !) versés pour 100 euros d'apport initial sans condition. C'est là où vous commencez à avoir un doute. Vous avez bien raison ! Qui vous donnerait directement le double de votre versement initial juste après votre inscription, sans rien réclamer en échange ? Pas grand monde, pour ne pas dire personne...

A y regarder de plus près, ce n'est pas le seul élément qui vous trouble... Au « rayon » football, vous apercevez un match entre le PSG version 2018 et une équipe d'un niveau bien plus faible de Ligue 1. Quelle surprise de constater que cet opérateur a collé une grosse cote, voire une cote fantastique au club de la capitale française ! Si vous misiez sur le PSG et que ce dernier gagnait le match, vous empocheriez 4 euros pour 1 euro de mise (4/1). C'est du jamais-vu de mémoire de parieur même débutant qui connaît un peu ce sport collectif. Comment une formation aussi forte pourrait se retrouver avec une cote aussi élevée ?

Que le PSG dispose d'une cote de 1,10 ou 1,50 en Ligue 1, voire de 3 pour un match à l'extérieur de Ligue des champions face à un cador du continent, passe encore ! Mais pas pour un match « banal » du Championnat de France où la supériorité de l'équipe est perceptible à tous les niveaux sur le papier (passé récent, joueurs de l'effectif, ambitions affichées...).

L'alarme s'est allumée dans votre tête et par précaution vous cliquez sur la rubrique « Paris hippiques ». Le Quinté du jour se court sur l'hippodrome de Vincennes. En découvrant la liste des chevaux partants, vous tombez de votre chaise ou presque. La cote la plus faible, autrement dit celle du cheval qui part favori de la course, est de 15, 20 voire 30/1 !

Quel bookmaker sérieux oserait mettre une telle cote complétée par d'autres encore plus grosses pour les rivaux ? Aucun... PSG + canassons = attrape-gogo sur cette plate-forme. Vous cliquez illico sur la petite croix rouge en haut à droite de votre navigateur (Chrome, Firefox, Internet Explorer...). Histoire de déguerpir au plus vite.

Identité et règlements

Après cette deuxième visite, vous êtes déjà aguerri. A juste titre, vous avez écarté des dangers majeurs et c'est déjà une excellente chose ! Mais êtes-vous vraiment « blindé » en termes de détection de sites frauduleux ? Cette fois, vous vous retrouvez chez un opérateur où tous les voyants sont au vert à première vue. Vous avez peut-être trouvé la perle rare ! Mais ne vous laissant plus guider par vos émotions de parieur après la lecture de cet ouvrage, vous doutez quand même... En faisant remonter la page, vous constatez qu'il manque deux rubriques cruciales : « Règlement » et « Foire aux questions (FAQ) », ou qu'elles sont incomplètes.

Bizarre et même suspect pour un site qui met en avant son sérieux et sa réputation en or avec des messages rassurants (« Le meilleur du pari sportif », « Le numéro 1 du pari sportif », « Dix ans d'expérience à votre service », « Le client est Roi »...).

Même dans les « Mentions légales », le nom du créateur présumé du site vous semble louche. Idem pour son adresse émail, postale et son numéro d'entreprise. Ni une ni deux, vous essayez d'en savoir plus. Assez rapidement, vous constatez que toutes ces données sont inventées de toute pièce. Non content d'utiliser une fausse identité, l'escroc n'a jamais eu aucune entreprise puisqu'il n'est référencé nulle part !

Sur le papier, on peut se dire que jamais personne ne s'inscrira sur ce genre de sites. Qui serait assez bête pour tomber dans le panneau ? Et pourtant, c'est le contraire et pas forcément par bêtise, mais plutôt par manque de mises en garde comme le met en avant ce livre ! Un, dix, cent et même des milliers de parieurs ont été escroqués de la sorte !

Plus c'est gros, plus ça passe comme dirait l'autre ! Tous les moyens sont bons pour vous attirer dans des filets hostiles. Même si vous ne vous laissez pas avoir facilement, rappelez-vous que certains opérateurs « Casper » sont plus difficiles à détecter que d'autres. Alors prudence !

Dites au revoir à votre argent

Apprendre à repérer ces sites suspects (grâce à leur mise en page amatrice, leurs bonus surnaturels, leurs cotes supérieures aux autres, l'absence de références légales) est essentiel. D'accord... Mais pourquoi ? Pourquoi ces sites hors normes sont-ils dangereux ? Pourquoi et comment vont-ils vous arnaquer ?

La réponse est très simple. Vous avez placé un montant initial dans votre cagnotte fraîchement créée, vous avez reçu un bonus de bienvenue, vous avez effectué 10, 50 ou 100 paris et par bonheur pour vous, votre butin a enflé considérablement. Vous souhaitez désormais récupérer vos gains. L'arnaque est révélée à ce moment précis. Un jour, deux jours, une semaine passe et toujours pas de trace de la ligne de crédit tant attendue sur votre compte en banque.

Vous contactez le service après-vente, personne ne répond. Vous insistez, renouvelez votre plainte, mais le silence est total. Pas un retour de la part de la plate-forme de paris sportifs. Ou bien, peut-être recevrez vous un email automatique vous invitant à être patient, vous signifiant qu'il s'agit d'un simple problème technique qui sera réparé au plus vite, ou encore que l'argent a été débloqué et que par conséquent, le problème doit provenir de votre banque. Des mensonges, destinés à vous rassurer. En réalité, vous ne reverrez jamais la couleur de votre argent.

En colère, remonté comme jamais, vous déciderez peut-être de vous tourner vers les autorités pour forcer ce malhonnête à vous rendre votre capital de départ, à défaut de l'argent durement conquis par vos mises sportives. Problème, l'opérateur n'a aucune identification légale en France (désolé, aucune entreprise n'est enregistrée à ce nom !). Car en réalité la plupart du temps, il ne sévit pas depuis notre bon pays, mais depuis des contrées inaccessibles pour la justice française. Vous n'avez plus que vos yeux pour pleurer sur l'argent évanoui dans la nature.

Votre réaction aura peut être le maigre mérite de pousser les autorités à bloquer l'accès au site de ce malfaiteur... Qui ne manquera pas d'en créer un nouveau sous un nouveau nom, avec une nouvelle adresse web et de piéger de nouveaux parieurs imprudents, qui, par l'odeur alléchés, lui lâcheront leur fromage.

Un cyber-escroc peut aussi procéder autrement pour vous plomber. Avant de vous inscrire sur un site de paris sportifs, vous devrez forcément fournir des informations personnelles importantes (nom, prénom, adresse postale, numéro de compte ou de carte bancaire...) et une copie d'au moins une pièce d'identité en cours de validité (numérique ou papier par la poste).

Si vous avez le malheur de tomber sur un site frauduleux, plusieurs problèmes peuvent en découler. Le malfaiteur peut très bien stocker vos données, les revendre à un tiers voire même les utiliser à son profit. Sur Internet, l'usurpation d'identité est répandue pour effectuer par exemple des achats en ligne ou encore ternir votre réputation. Prenons un exemple concret.

Vous venez tout juste de vous inscrire sur un opérateur. Évidemment, vous ajoutez de l'argent afin de pouvoir jouer en ligne. Les paris s'enchaînent sans problème apparent. En consultant votre compte bancaire, vous constatez qu'une entité inconnue, au nom incompréhensible, a débité 10 euros un jour, 20 un autre jour, 40 encore un autre jour, voire même carrément une somme d'argent bien plus forte.

ARJEL : la case en OR

Une question phare fuse déjà vers nos oreilles : « Et on fait comment pour ne pas tomber sur ces escrocs d'élite qui pullulent sur la toile ? » Eh bien, la réponse tient en tadaam... cinq lettres : ARJEL. « L'ARJ... Kekidit le monsieur ? » Sous un nom « barbare », l'ARJEL revêt en fait une importance capitale pour un Français qui veut parier en limitant les risques d'arnaque. Pour la signification de ce terme, retenez que c'est tout « simplement » : l'Autorité de régulation des jeux en ligne.

Pour celles et ceux qui ne connaissent que peu voire pas du tout cet organisme, il s'agit d'une « autorité administrative indépendante (AAI) créée par la loi relative à l'ouverture à la concurrence et à la régulation du secteur des jeux d'argent et de hasard en ligne n° 2010-476 du 12 mai 2010 ». Et sans le cryptage, ça donne quoi concrètement ?

Depuis plusieurs années donc, l'ARJEL a pour missions de :

➔ Donner des agréments pour s'assurer que les opérateurs respectent leurs obligations
➔ Protéger les utilisateurs (notamment en matière d'addiction)
➔ Veiller à ce qu'il y ait une transparence au niveau des opérations de jeu (sécurité + sincérité)
➔ Lutter contre les sites web illégaux
➔ Lutter contre la fraude et le blanchiment d'argent

Si vous avez envie de vous lancer dans les paris sportifs (paris hippiques inclus), il faut donc vous rendre sur le site d'opérateurs qui ont obtenu un agrément officiel de l'ARJEL (voir la liste complète des opérateurs agréés à cette adresse : http://www.arjel.fr/-Liste-des-operateurs-agrees-.html).
Vous serez fixé de suite si vous avez un doute sur un site web.

Faire votre choix en toute conscience

Ce livre ne vise pas à vous conseiller tel ou tel opérateur en particulier même si vous pouvez évidemment en connaître de nom. Entre des publicités dans les médias anciens (télévision, radio...), plus modernes (Internet) ou simplement une discussion avec un proche/parieur que vous connaissez, il y a sûrement des opérateurs qui vous sauteront aux yeux. Les publicitaires sont souvent assez forts pour nous graver dans le crâne des images et des slogans marqués à vie dans notre esprit... même de manière inconsciente.

A vous de choisir et comparer ce qui semble correspondre à vos attentes (design, richesse ou pas des paris à effectuer, cohérence des bonus d'inscription...) ! Une chose est sûre, vous avez tout intérêt à en sélectionner un ou plusieurs grâce au site web de l'ARJEL. A défaut de ne prendre aucun risque en agissant ainsi (le risque 0 n'existe pas), vous éviterez déjà (ce n'est pas rien !) de vous faire escroquer à coup sûr.

Lorsque vous allez acheter des chaussures dans un magasin, prendrez-vous une paire usée jusqu'à la corde ? Une paire pour deux pieds gauche ? La seule chaussure de la paire qui traîne sur le rayon ? Une espadrille couplée d'une botte de pêcheur ? A priori non... Pour les paris sportifs, c'est exactement la même chose. Un parieur sérieux, ou qui veut l'être au maximum, se rend d'office sur le site d'un bookmaker homologué et écarte sans hésiter tous les autres.

Si nous sommes d'accord sur ce point, alors vous êtes armé pour ne pas vous faire arnaquer par un ou des opérateurs fantômes qui ne reculeront devant rien pour dénicher des... pigeons prêts à lâcher aveuglément leur argent.

◆ Arnaque dite des VIP / Accès membres

Mais les sites / opérateurs « fantômes » ne sont pas les seules sources qui peuvent vous faire perdre beaucoup d'argent. Depuis déjà plusieurs années, des milliards de personnes communiquent par le biais des réseaux sociaux : Facebook, Twitter, Instagram, Snapchat... Vous vous en doutez, les escrocs du web s'accrochent comme des sangsues à ces plate-formes où l'information peut être diffusée en temps réel en quelques secondes.

Dans le milieu des paris sportifs, une des grandes arnaques qui peut vous nuire se nomme tout simplement « V.I.P » (Very Important Person). Quoi de mieux pour un escroc de flatter au maximum des personnes pour en faire des victimes potentielles ? Il est possible de croiser virtuellement toutes sortes de personnes qui vous proposent monts et merveilles si vous acceptez d'intégrer un groupe d'adhérents.

Sur le plan psychologique, elles agissent sur trois leviers identifiables. La tentation de gagner plus en copiant leurs pronostics géniaux, le fait de payer un service à un « expert » autoproclamé dans les paris sportifs et enfin l'aspect communautaire puisqu'elles vous ouvrent les portes d'un groupe social relativement restreint (5, 10, 100, 1000 voire 2000 personnes) avec des aspirations comparables.

Copier des pronostics géniaux

En coupant cette phrase en deux, on se retrouve avec le verbe

« copier » et « des pronostics géniaux ». « Copier » est un verbe qui a plusieurs significations. Elles divergent légèrement sur des points pas si anodins que cela. Selon le dictionnaire Larousse, le verbe « Copier » peut vouloir dire :

1. Reproduire par écrit un texte, en faire une ou plusieurs copies ; recopier transcrire.

2. Reproduire frauduleusement le travail écrit d'un autre, une partie d'un ouvrage, etc..., ou s'en inspirer indûment.

3. Reproduire une œuvre avec ou sans intention frauduleuse ; s'inspirer très fortement d'un artiste, l'imiter

4. Imiter quelqu'un, un groupe, leurs actions

5. Répéter exactement quelque chose, en être une imitation, une réplique

Dans le cas qui nous intéresse ici, ce sont les définitions 1, 4 et 5 qui collent le mieux au domaine des paris sportifs. En adhérant à un groupe privé, en tant que « VIP » ou un autre terme de cet ordre, vous reproduiriez un pari sportif en imitant la ou les personnes qui se présentent comme des « as » des paris. En effet, vous ne copieriez pas illégalement leurs pronostics (2) et ne vous contenteriez pas de faire à peu près ces derniers (3).

Conséquence directe, vous feriez une croix sur deux facteurs essentiels : vos propres connaissances en matière de sport, mais aussi le plaisir que vous pouvez avoir à jouer. J'imagine déjà votre tête si « l'as » des paris vous conseillait de miser gros sur une équipe de football, par exemple, qui évolue en première division moldave, chinoise ou australienne. Idem pour un cheval qui n'a pas couru depuis un an et qui a réussi un seul exploit au haut niveau (gagnant/placé).

Est-ce que vous accepteriez de fermer les yeux et de lui faire confiance à 100% sur ce type de pari synonyme de brouillard pour vous ? Pas sûr... De même, la notion de perte de plaisir est importante. Le plaisir est un « état de consentement qui crée chez quelqu'un la satisfaction d'une tendance, d'un besoin, d'un désir ». Le plaisir est donc quelque chose qui par définition vous plaît = sentiment agréable de contentement.

Si vous acceptiez d'être un « VIP », dans un groupe privé, vous feriez clairement une croix sur le plaisir de jouer. Quel plaisir pourriez-vous prendre à copier bêtement, sans réfléchir, un autre parieur ? Sur le papier aucun... Gare à l'obsession de vouloir jouer comme un robot qui se contente de prendre en compte « les gains » et « les pertes ». N'oubliez pas qu'un pari sportif doit rester avant tout... un jeu, que l'on pratique modérément pour se divertir. Vous n'avez pas pour vocation de devenir dépendant de quelqu'un d'autre et en prime de ses paris sportifs !

Venons-en maintenant au terme « géniaux » de la phrase : « Copier des pronostics géniaux ». Par un après-midi d'été, vous vous décidez à monter une cabane de jardin qui a été livrée le matin-même. La tâche vous semble au moins aussi immense que le carton qui est devant vous. Soudain, vous entendez une voie inconnue : « Je peux le faire si vous voulez ».

L'homme ou la femme qui vous parle se présente, explicitement ou pas, comme étant quelqu'un de formidable, d'efficace et même de génial pour résoudre votre problème de construction. A l'entendre, il ou elle a passé sa vie à faire cela et va monter votre cabane les yeux fermés contre une petite rémunération. « Vous ferez comme moi la prochaine fois », indique l'oiseau pour tenter de vous rassurer.

Confieriez-vous une telle tâche à quelqu'un que vous n'avez jamais vu et qui sort de nulle part sans aucune référence fiable ?

Probablement pas. C'est la même chose pour un pseudo parieur de qualité qui vous promet le nirvana si vous l'imitez de suite. Si vraiment vous aviez du mal à monter cette maudite cabane tout seul, vous feriez plutôt confiance à une personne de votre entourage, qui a des qualités manuelles indéniables, ou encore à un professionnel qualifié.

Trouvez-vous normal qu'un « Roi du prono » lance un site avec un accès réservé VIP, avec des promesses à couper le souffle, contre de l'argent ? N'y a-t-il pas déjà quelque chose qui vous semble paradoxal ? Si le « Roi du prono » était vraiment un champion du pari sportif, aurait-il besoin de vendre ses pronostics aux autres ?

Ne tombez pas dans le piège qui consiste à se dire intérieurement : « Si c'est cher, c'est que ce produit (vente de pronostics) a forcément de la valeur ». Plutôt que de souscrire un abonnement les yeux fermés, il sera préférable de trouver un pronostiqueur qui n'a rien d'autre à proposer que ses paris de manière gratuite et sans prétention. Au pire, vous perdrez un, deux ou trois paris et mettrez les voiles avec moins de regrets. Rappelez-vous toujours que seulement 1, 2 voire 3% maximum des parieurs qui tablent sur le moyen voire le long terme (mois / années) arrivent à obtenir des gains... lesquels sont du reste souvent loin d'être conséquents.

Par ailleurs, il n'existe pas de solution miracle pour identifier un « Roi du pari », qui propose de payer pour obtenir ses services, sur le web. Pourquoi ? Tout simplement car vous n'aurez bien souvent pas accès à son bilan de paris (date de l'événement, intitulé du match ou choix du cheval, gains, pertes, état de la cagnotte...). Pour le voir en détails, il faudra souvent passer par la case inscription et donc payer un abonnement mensuel ou à l'année.

Rares sont ces « Rois du pari » qui affichent clairement leurs statistiques depuis qu'ils disent être passés de la case « amateur » à celle qu'on nomme « professionnel ». Et si d'aventure, vous tombiez sur un bilan de paris accessible gratuitement, ne vous réjouissez pas trop vite. En effet, bon nombre de « Rois du pari » n'hésitent pas à modifier voire même carrément effacer les lignes qui mettent trop à mal leur dit bilan.

Pour éviter l'arnaque, la solution consiste à suivre leurs pas pendant plusieurs jours en temps réel (site web, réseaux sociaux s'il y en a...). Histoire de voir s'ils laissent tous leurs pronostics (gagnés/perdus) en ligne ou s'ils en effacent une partie pour arrondir leurs angles, et bien sûr s'ils reportent correctement ces résultats sur une page ou un fichier Excel à télécharger nommé : « Bilan », « Compte rendu », « Statistiques globales »...

Le piège des commentaires positifs

Pour tenter de gagner en légitimité vis-à-vis de vous, le « Roi du pari » n'hésitera pas à publier des commentaires supposés provenir de ceux qui lui ont déjà fait confiance et s'en réjouissent. Pour cela, il va simplement la plupart du temps écrire lui-même des mots élogieux, avec un nom, une photo (parfois) voire même une signature inventés de toute pièce pour les accompagner :

➤ « J'ai bien reçu votre livre (ou ebook). Depuis que je suis vos conseils, mon capital de départ a explosé ! J'ai gagné 712 euros en trois jours. Merci ! »

➤ « Je ne connaissais rien aux paris sportifs avant de découvrir [Nom et prénom de l'escroc]. Ma vie a changé grâce à lui ! Je suis à la lettre ses pronostics. Tout est clair et simple à appliquer. Je ne regrette pas mon abonnement ! ».

➢   « Ce livre (ou ebook) complet est génial. En plus j'ai profité de la promotion de 30% en vigueur actuellement ce qui m'a permis de ne le payer que 27 euros. Quelle affaire ! ».

➢   « J'ai eu quelques difficultés à bien comprendre ce livre (ou ebook). Heureusement, monsieur [Nom et/ou prénom de l'escroc] m'a guidé pas à pas. Il a répondu à mes questions/interrogations en moins de deux jours. Formidable ! »

Gains rapides, paris faciles à appliquer, promotion de 30% et bien sûr le service client irréprochable... Le cyber-escroc passe pour un grand professionnel qui a déjà fait ses preuves et entretient une vraie relation de confiance avec ses clients. Tous ces arguments commerciaux tombent à l'eau car vous avez compris que tout ceci n'est que du vent.

Faux ticket gagnant : le coup fatal

Que ce soit sur des sites ou des réseaux sociaux, bon nombre d'escrocs n'hésitent pas à manipuler, on l'a vu, les bilans / statistiques, les commentaires d'acheteurs (qui n'existent pas...) ou encore à afficher de fausses images aguichantes trouvées n'importe où. Mais l'arnaque du faux ticket gagnant entre encore dans une autre catégorie.

Autrement dit, celle de la falsification pure et simple par le biais d'outils qui permettent de retoucher les images (Photoshop, Gimp, Paint...). Lors de votre navigation sur le web, vous tombez soudainement sur un compte Facebook ou Twitter. Une image attire tout de suite votre attention. Il s'agit d'un ticket qui ressemble à s'y méprendre à celui de La Française des Jeux (Parions Sport) remis par votre buraliste lorsque vous misez dans son établissement.

Sur ce papier, vous constatez que la personne a misé par exemple 200 euros sur une équipe, ou un petit combiné (deux-trois équipes). Bilan de l'opération : 1250 euros gagnés ! Impressionné par ce ticket, vous faites défiler la page Twitter ou Facebook de l'individu. A défaut de gagner chaque jour, ce dernier a mis en avant trois, quatre, cinq photos voire plus avec d'autres tickets aux gains conséquents (200, 500, 1000 euros mais pas forcément beaucoup plus).

Cette fois, vos yeux brillent enfin. Vous l'avez trouvé le « Roi du pari ». C'est là que l'étau se resserre. Mais étant quelqu'un de méfiant, vous revenez sur Terre. Un détail cloche. Lequel ? Le logo « Parions Sport » est là, les codes barres de validation aussi.

Mais pourquoi est-ce que le « 2 » du nombre « 200 » est un poil décalé par rapport aux deux « 0 » ? Même la police de caractère n'est pas tout à fait identique. Bravo, vous avez détecté un « fake » de pronostic gagnant. Autrement dit, un « faux » ticket que le « Roi du pari », ou plutôt du pipeau, n'a jamais eu de sa vie entre les mains puisqu'il n'a jamais existé ! A y regarder d'encore plus près, vous constatez qu'il a même modifié, avec plus ou moins d'amateurisme, le chiffre correspondant au gain fantôme de « 1250 euros ».

Faites ce que je dis, « fake » ce que je fais

Si on excepte l'arnaque du ticket gagnant, dont il faut se méfier comme de la peste, d'autres « fakes » appartiennent aussi à la même famille. Un cyber-escroc qui détient un espace en toc « VIP » peut très bien mettre en avant une vidéo sur laquelle il se filme en train de montrer l'état de son compte chez tel ou tel bookmaker, ou encore diffuser une simple capture d'écran. « En l'espace d'une semaine, j'ai gagné – vous le voyez à l'écran – 7500 euros, pas mal non ? »

Ne croyez pas à ces balivernes... Le cyber-escroc a, dans la plupart des cas, simplement changé un petit bout du code HTML d'une page web d'un bookmaker, via son navigateur web pour modifier les chiffres à sa guise. Sur Google Chrome par exemple, il lui suffit de faire un simple clic droit sur l'élément à modifier et de cliquer sur la fonction « Inspecter ».

Une fois qu'il a bien identifié l'endroit où il peut modifier tel ou tel chiffre, il lui suffit d'en mettre un autre à sa guise. Notez que l'opérateur en question ne sera pas informé de la manipulation étant donné que son site ne sera pas du tout impacté. Seule la page web que vous montrera l'escroc affichera des données fausses.

Pronostics gratuits, le bon plan ?

Qui dit pronostic gratuit ne dit pas forcément que la personne n'a pas une idée derrière la tête en diffusant cela. Il n'est pas rare qu'un pari gratuit diffusé soit en fait une manière de vous appâter. S'il gagne ce dernier, le « Roi du pari » et son espace membres en carton pâte va évidemment sortir les trompettes (smileys), les mots forts (« Je vous l'avais pas dit ? Yeahhh !). S'il perd son pari, il va simplement dire que dans son espace privé VIP (payant), ses adeptes ont pu compenser cette perte grâce à d'autres pronostics alléchants.

Sous le couvert de mettre en avant l'erreur humaine pour expliquer son échec, le « Roi du pari » vous séduit en affirmant qu'il a bien mieux conseillé ses adhérents qui payent leur abonnement. Encore une fois, ne vous jetez pas sur tout ce que vous trouvez sur la toile. Prenez le temps de vérifier, recouper les informations : n'agissez pas sans peser le pour et le contre. Non, vous ne serez pas paranoïaque en agissant ainsi mais simplement très prudent au moment de lâcher vos euros à un inconnu.

Encore une fois, nous répétons que les bons pronostiqueurs qui diffusent leur « savoir » gratuitement et avec transparence existent (1, 2 ou 3% grand maximum). Assumant leurs pertes honnêtement, ils n'hésiteront pas à vous mettre en garde sur tel ou tel pari, leur série noire qui commence à durer...

Mais ils sont ultra-minoritaires par rapport aux vautours qui ne pensent qu'à vous siffler de l'argent avec leurs espaces membres payants. Au final, votre meilleur guide dans le domaine des paris, c'est sans doute... vous-même si vous jouez de manière saine et raisonnable.

◆ Arnaque des paris « Fixed »

Sur la planète des paris sportifs, une autre arnaque est entrée par la très grande porte au cours des dernières décennies. Celle qui consiste à vous affirmer que bon nombre de matches et courses sont arrangés avant le coup d'envoi de l'épreuve. Autrement dit, le résultat serait déjà connu à l'avance par certains initiés, lesquels vous affirment qu'il est donc sans risque pour vous d'y placer votre argent puisque le résultat est couru d'avance.

Alerte sur les matches suspects

Il ne s'agit pas ici de dire que 100% des événements sportifs se déroulent normalement. Certains championnats, moins contrôlés, sont plus suspects que d'autres. Évidemment lorsqu'une affaire éclate, elle fait grand bruit dans l'opinion et marque les esprits.

Rappelons quand même qu'en France, l'ARJEL a homologué des bookmakers qui veillent au grain en règle générale sur le territoire national. Ces derniers ont les moyens de savoir rapidement si la quantité de paris placés sur telle ou telle équipe (ou cheval) est anormalement élevée ou non. Si c'est le cas, alors une enquête est lancée immédiatement par les autorités compétentes. Idem si une équipe d'un niveau modeste inflige une grosse correction à un adversaire qui est bien plus fort sur le papier (4-1, 5-1 ou plus).

Lors des dernières journées des championnats, les bookmakers sont encore plus attentifs. En effet, c'est durant le « money time » où il y a le plus d'enjeu que ce soit pour un titre de champion, les places européennes et bien sûr la lutte pour la relégation à l'étage inférieur. Il arrive aussi que des formations aient intérêt, par exemple, à obtenir un match nul pour conserver une place au classement à coup sûr. Leur duel sera suivi à la loupe et plus particulièrement la prestation de l'arbitre désigné mais aussi de tous les joueurs présents sur la pelouse.

Une vitrine alléchante

Comment procèdent les cyber-escrocs pour vous piéger ? Là

encore, on les retrouve sur des réseaux sociaux et/ou des sites web. Sous un gros titre : « Les matches truqués », on va tenter de vous faire gober le fait que des matches professionnels sont truqués tous les jours aux quatre coins du globe. Ajoutez à cela un pseudo taux de réussite en termes de résultats (80% voire même 90%), une liste de rencontres actualisée régulièrement, des cotes alléchantes (5, 10 et même 100 !) et bien sûr un prix modique pour l'abonnement (20, 30 euros voire un peu plus).

Afin de régler cette somme, on vous orientera vers des moyens de paiement via « Paysefecard » ou encore le « Bitcoin ». S'ils présentent des avantages, notamment la fluidité des transactions par rapport à bon nombre de banques traditionnelles, ils ont aussi un gros inconvénient que vous ne devez pas négliger. En effet, ces systèmes visent à réduire la traçabilité des paiements pour garantir, dans la mesure du possible, l'anonymat. Autrement dit, ce serait très difficile de retrouver le cyber-escroc à qui vous auriez versé vos euros !

Est-ce qu'un seul nom / pseudo opaque vous suffit à donner de l'argent à quelqu'un ? Bien sûr que non, il faut toujours vérifier que vous effectuez un versement à un « vrai » professionnel, pour n'importe quel achat (même hors paris sportifs), qui affiche clairement ses données vérifiables ailleurs sur le web (nom et prénom, adresse postale, téléphone, numéro d'identification pour une entreprise, activité de cette dernière...).

Une pilule difficile à avaler...

Bien évidemment, ces matches mis en avant n'auront en réalité pas été truqués dans tous les cas ou presque (l'exception qui confirme la règle). Autrement dit, vous miseriez en fait votre argent sur un pari classique avec le même risque de le perdre que les autres. Si cela vous arrivait, vous n'auriez absolument aucun recours pour faire valoir vos droits et vous faire rembourser cet abonnement en mousse.

Le cyber-escroc ne répondra pas à vos messages ni menaces. Ou alors, il vous pondra une excuse bidon du type : « En fait, le match devait être truqué mais tout a été annulé à la dernière minute par prudence ». Ou encore : « Les gens ont trop diffusé le pari proposé. Cela a alerté les autorités... ». Objectif : vous rassurer et prendre des dispositions de son côté en vue de votre éjection de sa vie virtuelle voire même... tenter de gratter un peu plus d'argent.

S'il vous venait à l'esprit de l'attaquer en justice, vous déchanteriez très vite. En effet, sachez qu'il est totalement interdit d'acheter un ou des paris sportifs basés sur une illégalité quelconque ! Imaginez la tête du policier qui prendrait en compte votre déposition. Il vous dirait très vite que vous avez dépassé les bornes et que vous êtes en infraction. Non content d'avoir été arnaqué, vous seriez susceptible d'être jugé et condamné pour ce que vous avez fait !

Histoire d'enfoncer le clou, retenez aussi que le cyber-escroc tentera, très souvent, de vous orienter (avant ou pendant votre séjour sur son bateau troué) vers les sites de bookmakers sulfureux, qui proposent des cotes XXL, qui n'entrent absolument pas dans le cadre de l'ARJEL. La double lame en quelque sorte : argent perdu avec l'abonnement + argent perdu avec les paris effectués sur des sites étrangers qui n'ont bien souvent aucun agrément même dans leur pays.

Les mafieux ne sont pas des truffes

En prime, croyez-vous sincèrement qu'une personne puisse être informée que des dizaines, centaines voire même milliers de matchs ont été truqués et que cela continue sans cesse ? Le fait de pouvoir arranger une rencontre n'est pas à la portée du premier quidam. Afin de corrompre un arbitre ou encore des joueurs, il faut avoir les réseaux, ainsi que de l'argent et même beaucoup d'argent. Rares sont les personnes qui ont les moyens de le faire « sérieusement » surtout au sein des grands championnats où les footballeurs professionnels touchent des bons voire très bons salaires.

Ceux et celles qui ont le pouvoir de truquer un match font clairement partie de la mafia ou d'organisations comparables. Pensez-vous vraiment que ces entités ont un intérêt quelconque à dévoiler à quelqu'un situé à l'extérieur de leur cercle qu'elles s'apprêtent à passer à l'action ? Absolument pas ! Elles prendraient le risque majeur de se faire repérer par les autorités, qui surveillent ce qui se passe sur le web, et à un degré moindre de voir débouler une horde de parieurs « imitateurs » ayant eu vent de cette information capitale. Ce qui déclencherait inévitablement une alerte rouge dans les rangs des bookmakers.

Comme nous l'avons dit plus tôt, l'ARJEL - pour la France - serait vite alertée qu'une plâtrée de paris a été placée chez un ou des bookmakers (= masse financière très supérieure au seuil maximum constaté habituellement). En cas de gros doute, ces derniers n'hésiteraient pas une seule seconde à annuler purement et simplement les paris proposés sur le match ou la course en question. Ils diffuseraient aussi rapidement un communiqué pour annoncer qu'un événement sportif suspect a été détecté et qu'une enquête a été ouverte pour faire toute la lumière sur cet épisode.

Au final, ne vous faites pas d'illusions sur ces paris « Fixed ». Même si un match était truqué en Europe ou ailleurs, vous ne pourriez tout simplement pas être au courant de l'affaire en temps réel. Ajoutez à cela, nous insistons sur ce point, qu'il est interdit d'acheter des paris sportifs sur des rencontres arrangées. Vous l'avez donc compris, les paris « Fixed » sont à proscrire de votre esprit afin de ne pas devoir encaisser un sacré coup de bambou.

MODULE III

L'ENNEMI MATHEMATIQUE

Après avoir parlé des ennemis intérieurs (vos propres démons), puis des ennemis extérieurs (les personnes malintentionnées et leurs méthodes très imaginatives pour s'en prendre à votre porte-monnaie), nous allons désormais aborder la problématique des arnaques dans les paris sportifs par le biais d'un troisième angle : les mathématiques.

Vous le savez, les jeux en général, et les paris sportifs en particulier, impliquent la notion de chance. Vous aurez beau étudier les équipes et les matches sur lesquels vous misez sous tous les angles, la beauté du sport réside dans son incertitude. Si certaines méthodes permettent, il est vrai, d'augmenter vos chances de réussite et de réduire vos risques de perte, il serait illusoire de penser que vous pouvez effacer complètement la notion de hasard et en conséquence, de vous assurer à coup sûr la victoire dans vos paris.

Et pourtant, des formules magiques, dites scientifiques, reposant sur les probabilités ou les suites de nombre, atterriront probablement entre vos mains durant votre parcours de parieur sportif. Vous penserez alors avoir décroché la lune, avoir trouvé le moyen de contourner le hasard et vous assurer sans risque la victoire.

◆ Les martingales

Trouver la formule mathématique infaillible qui permet d'empocher la mise à coup sûr : voilà le Graal de tous les joueurs qui ont pour ambition de gagner de l'argent. Pour réduire le paramètre chance à zéro, éviter de se laisser prendre par ses émotions, quoi de mieux que la science. Quoi de mieux qu'une méthode qui, si elle est appliquée à la lettre, ne laissera aucune place à l'incertitude et vous offrira comme finalité d'augmenter tôt ou tard le solde de votre trésor, et ce de manière implacable.

La science fait appel à la raison, elle est imparable. Maintenant que vous avez appris à mettre l'hémisphère droit de votre cerveau (celui des émotions) en veilleuse au profit de l'hémisphère gauche (celui de la raison) au moment de prendre vos positions de jeu, vous vous dites : « Une méthode scientifique, donc raisonnable, qui permet de gagner à tous les coups ? Bingo ! Je fonce !!! » Chiche, essayons... A vos marques, prêts ? Partez ! Vous avez encore perdu...

Nous sentons poindre votre désespoir. « Si j'emploie mes émotions, je fonce dans le mur. Et si j'applique rigoureusement des formules mathématiques gagnantes, je tombe dans le ravin ? » Une seule réponse : absolument ! C'est à pleurer, à désespérer. Mais c'est ainsi. Vous ne pourrez jamais vous extraire du facteur chance inhérent au jeu, à moins éventuellement d'être à la tête d'un groupuscule crapuleux capable de truquer des matches. Ce qui évidemment est à proscrire formellement, si vous ne voulez pas vous retrouver, au mieux derrière les barreaux, au pire entre quatre planches.

Mais revenons à nos formules magiques. Théoriquement, vous auriez tort de passer à côté d'une telle opportunité. La pratique vous ramènera une fois de plus à la réalité : vous vous êtes fait arnaquer. Comment ? Pourquoi ? Voyons cela de plus près. Voyons pourquoi ces martingales ne sont là encore qu'une illusion qui, en bout de course, finiront par vous ruiner si vous n'êtes pas capable de les éviter ou de vous arrêter à temps.

Comment ça marche

La martingale de Hawks, ou montante, en est une parfaite illustration. Cette technique basique, issue des jeux de casinos et désormais transposée aux paris sportifs, part d'un principe simple et efficace sur le papier : à chaque pari perdu, vous placez une nouvelle mise plus importante (généralement le double ; son montant est à définir en fonction des cotes choisies), jusqu'à ce que vous réussissiez un pari gagnant. Vous pouvez perdre un, cinq, cent paris : il suffit d'un seul pari gagnant pour récupérer toutes vos mises, agrémentées d'un bénéfice. Une fois ce pari gagnant en poche, vous recommencez à parier avec votre mise initiale.

Dit comme cela, tout n'est peut-être pas encore très clair. Illustrons le propos avec des chiffres. En admettant que vous misiez à chaque fois sur des rencontres sportives dont la cote est de 2 (une mise de 2 signifie que si le pari est gagnant, vous recevez un gain égal à deux fois votre mise).

1er pari : mise 1€ sur une cote de 2 → pari perdant (1€ perdu)

2e pari : mise 2€ sur une cote de 2 → pari perdant (2€ perdus sur ce pari ; 3€ au total)

3e pari : mise 4€ sur une cote de 2 → pari perdant (4€ perdus sur ce pari ; 7€ au total)

4e pari : mise 8€ sur une cote de 2 → pari gagnant

A l'issue de ce 4e pari, vous remportez 8€ x cote de 2 = 16€.

Au cours de votre série de 4 paris, vous avez misé 1 + 2 + 4 + 8 = 15€

Vous avez donc réalisé un bénéfice de 1€ (16€ - 15€)

Après avoir réussi un pari gagnant, vous renouvelez l'opération en commençant de nouveau avec une mise de 1€, que vous doublerez à chaque pari perdant, jusqu'à ce que vous réussissiez un pari gagnant. Le principe de base ainsi établi, vous pouvez trouver d'autres formules magiques impliquant des mises de départ, des multiplicateurs ou des cotes différents. Nous en détaillerons une un peu plus loin dans ce module, visant à fixer vous-même le montant de gains souhaité.

Quel est le problème

Pourquoi faut-il fuir cette martingale comme la peste ? Effectivement sur le papier, la formule est gagnante et imparable. Ça, c'est la théorie. Passons désormais à la pratique.

Tout d'abord, vous allez vous retrouver très régulièrement avec de très fortes sommes engagées, dans le but d'obtenir un bénéfice minime. Miser 15€ (soit notre exemple après le 4e pari) pour un bénéfice poursuivi de 1€ est déjà en soi une absurdité pour tout bon parieur qui se respecte. Et pourtant, ce n'est que du petit lait à côté d'une plus longue série de paris perdants. Que se passera-t-il si vous en perdez 5 de suite (31€ investis pour un bénéfice visé de 1€), 6 de suite (63€ investis pour un bénéfice visé de 1€), 7 de suite (127€ investis pour un bénéfice visé de 1€) ?

Vous pensez que cela ne peut pas vous arriver ? Que vous saurez quoi qu'il arrive réussir au moins un pari sur deux, un sur trois, un sur quatre au pire du pire ? Réveillez-vous ! Sans quoi l'atterrissage risque d'être très brutal. Si vous utilisez cette méthode, tôt ou tard, vous serez confronté à une série noire de ce type, qui vous fera très, très mal. Êtes-vous prêt à mettre 127€ sur la table, 255€, 511€ ou 1023€ (série de 10 paris perdants d'affilée) pour tenter de gagner... seulement 1€ ?

Êtes-vous suffisamment armé sur le plan psychologique mais aussi financier pour supporter cette pression ? A partir de combien de paris perdants consécutifs craquerez-vous ? A partir de quel montant cumulé placé sur la table faudra-t-il appeler une ambulance pour vous exfiltrer rapido vers un centre d'urgences respiratoires ?

N'oubliez pas que si le bénéfice obtenu sur chaque montante réussie est de 1€, un seul abandon en cours de martingale annihilera des dizaines, des centaines, voire des milliers de chaînes menées jusqu'à leur terme. Par exemple, si vous craquez après 10 paris perdants (1023€ misés au total), vous devrez ensuite réussir 1023 martingales d'affilée pour rattraper le coup ! C'est ce que vous souhaitez ? Vous êtes prévenu, libre à vous désormais...

Variante adaptée aux paris sportifs

En écrivant ces lignes, nous anticipons déjà un message des lecteurs : « Cher ami, votre martingale est issue de la roulette du casino mais n'est pas adaptée aux paris sportifs. Il est tout à fait possible d'adapter mes mises en fonction du bénéfice souhaité, ou des pertes déjà accumulées. »

En effet. Pour ceux qui ne seraient pas convaincus par le développement ci-dessus, qui pensent par exemple (à juste titre) qu'une cote de 2 est trop risquée et souhaiteraient plutôt assurer le coup avec une cote de 1.3, ou qui cherchent un moyen de dépasser le bénéfice de 1€ de leur martingale, la formule suivante leur fera sans doute briller les yeux. Car elle permet de savoir combien vous devrez miser en fonction de la cote choisie et des sommes déjà perdues, afin d'obtenir le bénéfice désiré.

Mise = (Montant cumulé des pertes de la série + Bénéfice souhaité) / (Cote choisie - 1)

Prenons un exemple concret pour l'illustrer. Admettons que vous avez débuté avec deux premiers paris pris sur des cotes de 2, avec un objectif de 10€ de bénéfice.

1er pari (cote de 2) : en toute logique vous misez 10€ pour gagner 20€ → Le pari est perdant (10€ perdus)

2e pari : (cote de 2) : (10€ de perte sur le 1er pari + 10€ bénéfice souhaité) / (cote 2 / 1) = vous devez miser 20€

➢ Si le pari est gagnant : vous empochez 20€ (mise) x 2 (cote) = 40€.

Comme vous avez investi 10€ (1er pari) + 20€ (2e pari) = 30€, votre bénéfice est bien de 10€ (40 – 30). Votre série s'arrête là.

➤ Si le pari est perdant, vous avez perdu 10€ (1er pari) + 20€ (2e pari) = 30€

A cet instant, vous réalisez qu'une cote de 2 est trop risquée et décidez de vous rabattre sur un pronostic a priori plus sûr avec une cote de 1.3. Combien devrez-vous miser pour maintenir votre objectif de 10€ de bénéfice et récupérer en même temps vos mises perdues lors des deux premiers paris ?

(30€ de pertes cumulées sur les 2 premiers paris + 10€ de bénéfice souhaité) / (cote 1.3 / 1) = 40 / 0.3 = vous devez miser 133€ !

Une fois encore, vous pouvez constater qu'avec cette martingale plus complexe, vous serez très vite soumis à des mises importantes en comparaison du bénéfice potentiel. Vous n'avez perdu que deux paris et devez pourtant mettre en jeu dès le 3e pari une mise 13 fois supérieure au bénéfice poursuivi. Une folie... A vous de calculer combien vous devrez miser si vous enchaînez 4, 5 ou 10 paris perdants. Convaincus?

Combien êtes-vous prêt à perdre ?

Certains opérateurs agréés par l'ARJEL vous permettront de miser jusqu'à 50.000€ (soit 15 paris perdants en utilisant la martingale de Hawks avec une mise initiale de 1€) sur un seul pari. Êtes-vous suffisamment outillé financièrement et mentalement pour aller jusque-là ? Êtes-vous prêt à hypothéquer tout ce que vous possédez, la montre en or léguée par votre grand-père ou les études de vos enfants, juste pour vous assurer un bénéfice de quelques euros en bout de chaîne ?

Dans le premier module de ce livre, nous vous conseillions de vous fixer vos propres limites de jeu, un montant maximal de mises par jour, par semaine ou par mois. Voici un autre bon exemple de l'utilité de s'imposer une telle barrière avant de se laisser prendre par le tourbillon infernal. Elle vous empêchera dans ce cas précis de commettre une énorme bêtise qui, une fois perpétrée, vous privera de sommeil pendant très longtemps.

Mais d'accord, admettons... Vous êtes têtu, vous êtes le plus fort, vous affirmez que ce n'est pas un problème pour vous. Cette formule mathématique est imparable à condition de tenir bon, alors vous tiendrez bon, même si cela implique de vider votre compte en banque. Si cette réflexion vous traverse l'esprit, laissez-nous encore quelques secondes pour vous conjurer d'abandonner l'idée. Nous allons vous révéler un nouvel argument, encore plus persuasif.

Les opérateurs connaissent toutes vos combines

Croyez-vous réellement que les opérateurs de paris sportifs vous laisseront faire ? Non, évidemment ! Mettez-vous deux minutes à leur place. Une formule qui permet de gagner à coup sûr signifie la ruine pour les bookmakers. Que vous le vouliez ou non, ils vous en empêcheront. Ils ont pour le faire des moyens à leur disposition.

Même s'ils vous permettent de miser de gros montants sur un seul pari (ils seront ravis de récupérer autant d'argent d'un coup si vous échouez), tous les opérateurs ont malgré tout fixé une limite. Même si celle-ci vous paraît très élevée, il existe donc bien un risque pour vous de tout perdre si par mésaventure vous l'atteignez.

De plus, ils disposent également d'outils informatiques pour détecter ce type de comportements. Leurs algorithmes très puissants auront tôt fait de vous débusquer, de repérer votre martingale. Dès lors, vous recevrez un avertissement vous intimant d'arrêter immédiatement sous peine de voir votre compte clôturé.

Ne croyez pas que les sites de paris en ligne sont nés de la dernière pluie, que vous pouvez les berner. Toutes les techniques que vous pourriez trouver ou imaginer (à moins que vous soyez un pur génie qui en invente une nouvelle révolutionnaire), ils les connaissent déjà et ont mis en place des pare-feux depuis longtemps pour les contrer.

Vous l'aurez donc compris, penser qu'il est possible d'utiliser une formule mathématique pour gagner aux paris sportifs est illusoire. Grande martingale, Piquemouche, Whittacker, pyramide d'Alembert, Paroli, martingale américaine ou hollandaise, Labouchère : même topo ! Dites non aux martingales, fuyez au plus vite ceux qui vous affirment le contraire, surtout s'ils vous réclament de l'argent pour vous la révéler.

Cela sent l'arnaque à plein nez. Et encore une fois, ne perdez jamais de vue que le facteur chance fait partie intégrante du jeu. Vous ne pouvez pas tout maîtriser. Même avec les meilleures analyses ou les meilleures probabilités, vous ne pourrez pas réduire à néant la part de hasard induite dans une rencontre sportive.

◆ Les probabilités

Avant de clôturer cet ouvrage sur les arnaques et plus gros dangers qui peuvent croiser votre route de parieur sportif, profitons de ce volet sur les mathématiques pour rappeler quelques bases afin de limiter vos risques de perdre et d'augmenter vos chances de gagner sur le long terme. Les paris sont une affaire de chiffres, de chances de gagner, de chances de perdre et de chance tout court.

Vous le savez, dans l'absolu, vous avez plus de probabilités de gagner en pronostiquant sur une cote de 1.1 que sur une cote de 8, car c'est précisément parce que le résultat a de fortes chances, ou peu de chances de se produire, que la cote définie est faible ou forte.

Quelle stratégie allez-vous adopter : allez-vous miser gros sur des petites cotes ou miser petit sur des grosses cotes ? Passons au crible les conséquences de ces deux propositions.

Miser gros sur des petites cotes

Miser gros sur une petite cote ne signifie pas miser des milliers d'euros, mais mettre en jeu une somme très supérieure par rapport au bénéfice poursuivi.

Par exemple : miser 10€ sur une cote de 1.1.

Vous risquez 10€ contre un bénéfice potentiel de 1€ (pari gagnant = 11€ de gain - 10€ de mise) ; vous acceptez donc l'éventualité de perdre 10€ pour gagner 1€.

Une stratégie à éviter car si vous échouez sur un seul pari, vous devrez réussir une longue série de paris gagnants similaires pour vous racheter. Explications...

Miser sur une petite cote est rassurant. Sur un seul pari, vous avez en effet plus de chances de gagner que de perdre (plus la cote est faible, plus la probabilité que le résultat se réalise est forte, mais n'oubliez jamais que vous n'avez pas l'assurance totale de gagner pour autant). En contrepartie de quoi vous acceptez l'idée de gagner un bénéfice faible par rapport à votre mise.

Qu'en est-il sur le long terme ? Si vous effectuez 10 paris avec chacun une cote de 1.1, cela revient en réalité à faire un seul pari sur une cote de 2.59 (1.1 puissance 10). Êtes-vous toujours aussi confiant en vos chances de victoire avec un coefficient aussi fort ? Quand vous croisez une cote à 2.59, est-ce que vous vous dites que ce pari a de fortes probabilités de se réaliser ? Normalement, non.

Miser gros sur des cotes faibles est en réalité très risqué. Vous gagnerez sûrement à court terme, mais pas à long terme. Car si vous pariez par exemple 10 fois consécutivement sur une cote de 1,1, un seul pari perdant vous fera perdre le bénéfice des 9 autres.

En effet, sur 10 paris pris indépendamment les uns des autres avec une mise de 10€ pour chacun :

9 paris gagnants = 1€ de bénéfice x 9 paris gagnants = 9€ de bénéfice

1 pari perdant = 10€ de mise x 1 pari perdant = 10€ de perte

Sur l'ensemble des 10 paris, vous êtes donc perdant (9€ de bénéfice - 10€ de perte = -1€)

Même les plus grandes équipes, les meilleurs joueurs, ceux qui offrent les cotes les plus faibles, ne gagnent pas à tous les coups. Il y a donc de très fortes chances pour que dans un lot de 10 paris à 1.1, au moins l'un d'entre eux sera perdant. Pour être à l'équilibre avec des cotes de 1.1, vous devrez ainsi réussir 10 paris gagnants pour 1 seul perdant (10€ de bénéfice – 10€ de perte = 0).

En partant du constat ci-dessus, vous vous direz peut-être : « Au lieu de miser 10€ je ne vais miser qu'1€ et le tour est joué. » Erreur. Quel que soit le montant de votre mise, c'est la cote qui est importante. Avec une cote de 1.1, un seul pari perdant contre 9 gagnants vous plongera en déficit, quel que soit le montant de votre mise.

Exemple : Mise de 1€ sur des cotes de 1.1

9 paris gagnants : mise 1€ x cote 1.1 x 9 paris = 9,9€ de gains, soit un bénéfice de 0,9€

1 pari perdant = 1€ perdu

Au final, vous affichez une perte de 0,1€ (0,9 - 1)

Le problème est donc toujours le même, vous devrez obtenir 10 paris gagnants (1€ de bénéfice au total) pour un seul perdant (1€ perdu) afin de vous retrouver à l'équilibre. La perte est certes moins douloureuse qu'avec des paris à 10€, mais elle est bien présente. Cette méthode n'est donc pas rentable à long terme.

Trouver le bon équilibre

Pour amoindrir le risque, il convient donc de réduire le ratio mise / bénéfice (ratio 10/1 si vous misez 10 sur des cotes à 1.1), c'est à dire réduire le nombre de paris gagnants nécessaires pour éponger un seul pari perdant.

Avec une cote de 1.2, vous devrez réussir 5 paris pour absorber un seul perdant et être ainsi à l'équilibre financier.

Exemple : mise de 10€ sur des cotes de 1.2 (ratio 5/1)

5 paris gagnants : mise 10€ x cote 1.2 x 5 paris = 60€ de gains, soit un bénéfice de 10€ (60€ de gains - 50€ de mise)

1 pari perdant : 10€ perdus

Avec une cote de 1.3, vous devrez réussir 3,3 paris gagnants pour absorber un seul perdant (ratio 3,3/1) et être à l'équilibre. Avec une cote de 1.4, vous devrez réussir 2,5 paris gagnants contre un perdant. Avec une cote de 1.5, vous devrez réussir 2 paris gagnants contre un perdant (ratio 2.5/1). Et ainsi de suite...

Une cote de 1.5 sera donc généralement préférable à une cote de 1.1, car le résultat conserve de réelles chances de se produire et vous n'aurez besoin que de 2 paris gagnants pour contrer un pari perdant.

Miser petit sur des grosses cotes

Maintenant que vous avez compris le principe, vous envisagez de miser petit sur de grosses cotes, c'est à dire engager une somme inférieure au bénéfice généré en cas de victoire. Attention... Car s'il est admis qu'une cote faible (égale ou inférieure à 1.5) induit une probabilité de victoire supérieure à la probabilité de défaite, une cote plus forte (supérieure à 1.5) suppose que la probabilité s'inverse. Ne soyez donc pas trop gourmand.

Si vous choisissez par exemple des cotes de 3, vous n'aurez besoin que d'un pari gagnant pour absorber 3 paris perdants (ratio mise/bénéfice de 1/3). Mais la probabilité d'obtenir ce pari gagnant sera plus faible, à moins d'avoir de la chance (le hasard a bien fait les choses et vous avez trouvé la forte cote du week-end qui était gagnante) ou le flair ultra développé d'un Saint-Hubert.

Dans la même logique, si vous privilégiez un pari combiné qui vous offre une cote énorme (10 matchs combinés avec une cote totale de 100 par exemple), vous n'aurez besoin que d'un combiné gagnant pour absorber 100 perdants (ratio 1/100) mais vos chances d'obtenir cet unique ticket gagnant seront extrêmement faibles, malgré toutes vos analyses sur les rencontres choisies.

Tout le monde connaît par exemple quelqu'un, si ça ne vous est pas déjà arrivé, qui est passé à 1 bon pronostic sur une grille de 10, 13 ou 16 matches de toucher le gros lot. Ou à un cheval sur 13, 14 ou 15 présents sur la ligne de départ de décrocher le quinté dans l'ordre. Rageant... Si votre but est de décrocher le jackpot en un seul pari combiné, nous ne saurions alors trop vous conseiller de placer une mise faible (à la hauteur de ce que vous acceptez de perdre). De ne pas vous laisser griser par l'appât du gain.

Imposez-vous absolument une limite. Par exemple, ne jamais miser sur un gros combiné plus de 1% de votre capital est raisonnable. Ou bien, de ne pas puiser dans votre capital de base, mais plutôt sur les bénéfices obtenus par vos paris simples à cote modérée, si vous avez la chance d'avoir généré des bénéfices (gains – pertes) grâce à eux.

Nombreux sont ceux en effet qui après avoir envisagé de placer 1€ sur un combiné offrant une cote de 100 (soit un bénéfice de 99€ en cas de victoire), se sont dit : « 99€ c'est bien, mais si je mise 2€ je peux gagner deux fois plus, et si je mise 10€ je gagne 10 fois plus »... Oubliant que la probabilité de réussir un tel combiné est de facto extrêmement faible.

POUR CONCLURE

Cette fois, l'heure du grand saut dans l'océan qui s'appelle « Paris sportifs » a sonné. Lorsque vous aviez commencé la lecture de cet ouvrage, vous étiez en combinaison mais hésitiez fortement à plonger. Il faut dire que vous aviez une appréhension forte : celle de vous noyer dans ces eaux troubles. Après plusieurs heures de lecture, le constat est différent.

A défaut d'avoir appris une « Méthode miracle » utopique, vous savez désormais à quoi vous en tenir en ce qui concerne les arnaques qui peuvent vous coûter cher. Certains d'entre vous sont peut-être un brin voire même totalement désespérés. Vous vous dites : il n'y a donc pas moyen de gagner aux paris sportifs ? Pourtant je connais des gens autour de moi qui ont déjà gagné une fois un lot intéressant. Est-ce que je dois laisser tomber les paris sportifs ?

Si nous devions répondre de manière raisonnable, nous vous dirions que oui, il est préférable de laisser tomber, si votre ambition est de gagner de l'argent, et encore plus si elle est d'en vivre financièrement. Car 99% des parieurs sportifs perdent de l'argent sur le long terme. Aucune personne sérieuse dans ce domaine n'osera affirmer le contraire. Néanmoins, s'il s'agit pour vous d'un plaisir, si vous êtes sûr de ne pas développer de dépendance, si vous êtes mesuré dans vos mises…

Alors pourquoi ne pas continuer ! Pourquoi ne pas lire d'autres livres. Pas ceux, et ils sont nombreux, qui vous expliqueront la formule magique pour gagner 2000€ en une heure, mais plutôt ceux qui vous suggéreront très clairement les bonnes méthodes et attitudes à avoir pour minimiser vos pertes et augmenter vos chances de gains.

De nos jours, il est relativement facile de se former, dans bon nombre de domaines, par le biais du web. Les moyens ne manquent pas pour le faire : ebooks, livres papier, formations, vidéos, réseaux sociaux... Pour ce qui est des paris sportifs, vous avez eu raison d'être prudent avant le départ et/ou de revenir sur vos pas après une première plongée qui a laissé des traces.

Par cet ouvrage, nous espérons modestement vous avoir un peu aiguillé dans votre quête... Si vous l'avez apprécié, qu'il vous a permis d'apprendre (un peu ou beaucoup) sur les dangers des paris sportifs, n'hésitez pas à laisser un commentaire sur la plate-forme qui vous a permis de l'acheter. De même, un ou plusieurs de vos proches ont, tout comme vous, peut-être besoin de prendre leurs précautions avant de débuter l'aventure des paris sportifs. Proposez leur de lire, entre autres, ce livre qui pourra leur être utile !

Vous pouvez aussi nous contacter à l'adresse email suivante : nlvbook@gmx.fr. Cela vous permettra de commenter le livre, de nous poser une ou des questions précises sur les paris sportifs voire même de proposer des ajouts pour une deuxième version !

En attendant de vous retrouver pour une autre lecture, nous vous souhaitons une bonne expérience dans le monde des paris sportifs. N'oubliez pas : les arnaques sur le web sont multiples et en cas de doute, il vaut mieux s'abstenir plutôt que de se prendre une gifle monumentale. A bientôt !

ANNEXES

◆ Questionnaire vérité

1. Voulez-vous jouer aux paris sportifs pour gagner beaucoup d'argent ?

OUI

NON

2. Le hasard fait-il partie intégrante du monde des paris sportifs ?

OUI

NON

3. Avez-vous l'intention de vous fixer des limites précises en termes de mises ?

OUI

NON

4. Songez-vous à vous fixer un capital de départ précis et un objectif de gain par pari effectué ?

OUI

NON

5. Avez-vous l'intention d'établir et de respecter « un planning » hebdomadaire / mensuel (temps passé sur les paris) ?

OUI

NON

6. Avez-vous prévu d'effectuer un bilan précis à fréquences régulières si vous jouez régulièrement aux paris sportifs ?

OUI

NON

7. Si les choses se passaient mal avec vos paris sportifs, seriez-vous prêt à dire « stop » pour de bon ?

OUI

NON

8. Le design et les messages rassurants publiés sur un site sont-ils suffisants pour s'inscrire et parier dessus les yeux fermés ?

OUI

NON

9. Est-il souhaitable d'acheter des paris sportifs à effectuer via des sites qui proposent des espaces membres VIP ?

OUI

NON

10. Les captures d'écran (pronostics, tickets gagnants...) et vidéos diffusées sont-elles forcément authentiques (vraies) ?

OUI

NON

11. Est-il légal d'acheter des conseils sur des rencontres qui seraient arrangées à l'avance (Fixed) ?

OUI

NON

12. Un pronostiqueur qui propose un bilan chiffré de ses activités (capital, gains, pertes...) est-il forcément sérieux / honnête ?

OUI

NON

13. Les formules mathématiques, y compris les montantes, permettent-elles de gagner à coup sûr aux paris sportifs ?

OUI

NON

Solutions du questionnaire vérité

Si vous avez bien pris en compte les conseils mis en avant au travers de ce livre, alors vous devriez avoir choisi les réponses mises en **« gras »** ci-dessous. Dans le cas contraire, n'hésitez pas à relire cet ouvrage entièrement ou le chapitre approprié afin de comprendre votre / vos erreurs.

1. Voulez-vous jouer aux paris sportifs pour gagner beaucoup d'argent ?

OUI

NON

2. Le hasard fait-il partie intégrante du monde des paris sportifs ?

OUI

NON

3. Avez-vous l'intention de vous fixer des limites précises en termes de mises ?

OUI

NON

4. Songez-vous à vous fixer un capital de départ précis et un objectif de gain par pari effectué ?

OUI

NON

5. Avez-vous l'intention d'établir et de respecter « un planning » hebdomadaire / mensuel (temps passé sur les paris) ?

OUI

NON

6. Avez-vous prévu d'effectuer un bilan précis à telle date si vous jouez régulièrement aux paris sportifs ?

OUI

NON

7. Si les choses se passaient mal avec vos paris sportifs, seriez-vous prêt à dire « stop » pour de bon ?

OUI

NON

8. Le design et les messages rassurants publiés sur un site sont-ils suffisants pour s'inscrire et parier dessus les yeux fermés ?

OUI

NON

9. Est-il souhaitable d'acheter des paris sportifs à effectuer via des sites qui proposent des espaces membres VIP ?

OUI

NON

10. Les captures d'écran (pronostics, tickets gagnants...) et vidéos diffusées sont-elles forcément authentiques (vraies) ?

OUI

NON

11. Est-il légal d'acheter des conseils sur des rencontres qui seraient arrangées à l'avance (Fixed) ?

OUI

NON

12. Un pronostiqueur qui propose un bilan chiffré de ses activités (capital, gains, pertes...) est-il forcément sérieux / honnête ?

OUI

NON

13. Les formules mathématiques, y compris les montantes, permettent-elles de gagner gros aux paris sportifs ?

OUI

NON

◆ Les 11 règles d'or pour bien parier

1. Identifiez votre profil de joueur (occasionnel, régulier...) avant de débuter les paris sportifs.

2. Si vous résidez en France, pensez à vous inscrire sur le site d'un bookmaker homologué par l'ARJEL.

3. Évitez de jouer en direct (live), sur des grilles avec trop d'événements sportifs, sur votre équipe favorite...

4. Fixez-vous des limites très claires d'entrée de jeu (mise maximum par pari, mise maximum quotidienne ou hebdomadaire...).

5. Mettez en place un suivi de vos paris sportifs (mises, pertes/gains, état de la cagnotte...), par exemple via un tableau Excel, mis à jour régulièrement.

6. Faites un « bilan » complet, en toute transparence, sur votre expérience dans les paris sportifs (comportement, résultats obtenus...).

7. Méfiez-vous des arnaques décrites dans ce livre (opérateurs « Casper », espaces VIP, faux tickets gagnants...)... et de toute personne qui vous promet monts et merveilles, que ce soit gratuit ou payant.

8. Ne tombez pas dans le panneau des « formules miracles », montantes et autres martingales pour les paris sportifs et même, pour élargir, dans le monde du casino.

9. Si vous pensez être accroc (addict) aux paris sportifs, ou que vous pouvez le devenir, pensez à contacter des associations comme par exemple « SOS Joueurs ».

10. N'oubliez jamais que la maîtrise totale d'un pari sportif est impossible. Le hasard fait partie intégrante des matches ou des courses.

11. Questionnez-vous sur votre état émotionnel avant de valider. un pronostic.

◆ Test d'addiction

Sur le plan psychologique, il est très important de savoir si votre comportement, par rapport aux paris sportifs, n'est pas susceptible de provoquer une forme d'addiction. Pour cela, répondez à ce questionnaire de la même manière que le précédent en toute franchise. Notez qu'il ne s'agit pas de vous noter ou encore de vous juger au travers de ces questions.

1. Songez-vous régulièrement aux paris sportifs et/ou à la manière dont vous allez obtenir de l'argent pour jouer ?

OUI

NON

2. Jouez-vous aux paris sportifs pour faire baisser votre niveau de stress, d'ennui ou encore pour vous évader de votre environnement familial ?

OUI

NON

3. Avez-vous tenté de ne plus jouer aux paris sportifs sans y arriver ?

OUI

NON

4. Ressentez-vous un manque lorsque vous ne pouvez pas parier ou quand vous êtes contraint de diminuer le nombre de vos paris sportifs ?

OUI

NON

5. Avez-vous tendance à augmenter systématiquement vos mises lorsque vous perdez un pari sportif pour vous refaire ?

OUI

NON

6. Avez-vous déjà menti à un ou des proches (famille, amis...) pour cacher le fait que vous jouez longtemps ou dépensez beaucoup d'argent aux paris sportifs ?

OUI

NON

Réponses au questionnaire sur l'addiction

Si une ou plusieurs de vos réponses ne correspondent pas à celles publiées ci-dessous (toujours **« en gras »**), alors vous êtes peut-être déjà addict (dépendant) aux paris sportifs, ou susceptible de le devenir ensuite. Pour ôter ce doute de votre esprit, il pourrait être utile de contacter des professionnels, comme par exemple l'association à but non lucratif « SOS Joueurs » (vous trouverez les coordonnées dans l'Annexe "Adresses utiles") qui existe depuis 1990. Notez que les conseils de ces psychologues, assistants sociaux ou encore avocats sont gratuits.

Les aides proposées sont les suivantes :

✔   Permanence téléphonique (psychologues spécialisés dans le traitement de l'addiction au jeu)

✔   Permanence juridique (avocats spécialisés dans les conséquentes de la dépendance au jeu)

✔   Accompagnement d'ordre social (conseil et orientation, solutions... par rapport aux difficultés financières que peuvent rencontrer les parieurs)

Les bonnes réponses :

1. Songez-vous régulièrement aux paris sportifs et/ou à la manière dont vous allez obtenir de l'argent pour jouer ?

OUI

NON

2. Jouez-vous aux paris sportifs pour faire baisser votre niveau de stress, d'ennui ou encore pour vous évader de votre environnement familial ?

OUI

NON

3. Avez-vous tenté de ne plus jouer aux paris sportifs sans y arriver ?

OUI

NON

4. Ressentez-vous un manque lorsque vous ne pouvez pas parier ou quand vous êtes contraint de diminuer le nombre de vos paris sportifs ?

OUI

NON

5. Avez-vous tendance à augmenter systématiquement vos mises lorsque vous perdez un pari sportif pour vous refaire ?

OUI

NON

6. Avez-vous déjà menti à un ou des proches (famille, amis...) pour cacher le fait que vous jouez longtemps ou dépensez beaucoup d'argent aux paris sportifs ?

OUI

NON

◆ Test émotionnel

Pensez-vous être pris par une ou plusieurs des émotions suivantes ?

Emotion	Vous êtes :
Peur	angoissé, anxieux, affolé, bloqué, craintif, fébrile, inquiet, mal assuré, préoccupé, soucieux, sur la défensive, tremblant, vulnérable, paniqué...
Colère	à cran, à bout, acariâtre, acerbe, agacé, agité, amer, à fleur de peau, blessé, choqué, crispé, courroucé, contracté, contrarié, défiant, écoeuré, énervé, entêté, envieux, exaspéré, excité, frustré, impatient, irrité, nerveux, remonté, renfermé, révolté, scandalisé, soupçonneux, sur les nerfs, surexcité, susceptible, tendu, tourmenté, tracassé, vexé, ulcéré, fou furieux, enragé...
Tristesse	abattu, accablé, affecté, anesthésié, attristé, bouleversé, consterné, contrarié, coupable, dans tous vos états, de mauvaise humeur, découragé, déçu, démoralisé, démotivé, dépité, déprimé, désabusé, désespéré, désolé,

	ébranlé, en détresse, en manque, étourdi, honteux, malheureux, mécontent, paumé, peiné, pessimiste, plein de regret, plombé, préoccupé, résigné, soucieux, tracassé, traumatisé, le cœur serré...
Surprise	abasourdi, agité, assommé, bluffé, choqué, confus, déboussolé, dépaysé, dérangé, désemparé, désorienté, déstabilisé, distrait, ébahi, effaré, embrouillé, épaté, figé, hésitant, impressionné, indécis, perplexe, pétrifié, pris au dépourvu, pris de court, troublé...
Joie	admiratif, amusé, attiré, aux anges, captivé, charmé, comblé, content, d'humeur aventureuse ou exubérante, ébloui, emballé, émerveillé, émoustillé, empressé, enflammé, enivré, euphorique, exalté, excité, optimiste, passionné, remonté...
Dégoût	écœuré, dégoûté, rebuté, révulsé...

Auquel cas, envisagez de reporter votre prise de pari à plus tard, jusqu'à ce que vous ressentiez plutôt :

État d'esprit	Vous êtes :
Tranquillité	à l'aise, apaisé, attentif, calme, centré, concentré, concerné, décontracté, détendu, disponible, équilibré, éveillé, imperturbable, inspiré, libre, pondéré, posé, quiet, sceptique, sensibilisé, serein...

◆ Adresses utiles

Autorité de Régulation des Jeux En Ligne (ARJEL)

Chargée de mettre en place des moyens de régulation, d'information et de contrôle pour protéger les joueurs, prévenir de l'addiction au jeu et lutter contre la fraude.

Adresse : 99-101 rue Leblanc - 75015 Paris

Tél : 01 57 13 13 00

Site web : http://www.arjel.fr

Email : contact@arjel.fr

SOS Joueurs

Aide aux joueurs addicts

Tél : 09 69 39 55 12 (appel non surtaxé)

Site web : https://www.sosjoueurs.org

Email : contact@sosjoueurs.org

Joueurs Info Service

Aide aux joueurs addicts

Tél : 09 74 75 13 13 (appel non surtaxé)

Site web : http://www.joueurs-info-service.fr/Adresses-Utiles

Info Escroqueries

Plate-forme du ministère de l'Intérieur ; dénonciation, information, conseil et orientation pour les victimes d'escroquerie.

Tél : 0 805 805 817 (appel gratuit)

Site web : https://www.internet-signalement.gouv.fr

Signal Arnaques

Base de données d'arnaques ; recense et permet de signaler une arnaque

Site web : https://www.signal-arnaques.com/